うまく
話さなくて
いい

ビジネス会話のトリセツ

株式会社圓窓
代表取締役
澤円

プレジデント社

ビジネスで成果を上げるのは、

うまく

話せる人だ。

はじめに　「うまく話そう」という〝呪い〟

本書は、「ビジネス会話」の本質を僕なりに追求し、「話す」ことを通して成果を挙げるための思考法と、それを効果的に実践するための術《すべ》をまとめたものです。

僕は、かつて日本マイクロソフト社で法人営業に携わり、プリセールスやサービスのプレゼンテーションなどに取り組んできました。同社のマネージャーや業務執行役員を経て独立した現在も、大手企業の顧問や大学講師、各種講演やセミナー、イベントといったさまざまな機会で、多くの人に対して情報を発信する仕事をしています。

音声プラットフォーム「Ｖｏｉｃｙ」においては、７年近くにわたり毎日欠かさず配信を続けるなど、まさに**話すことを生業《なりわい》にして**長年過ごしてきました。

さて、本書のテーマである「ビジネス会話」という言葉はあたりまえのように使われていますが、具体的にはどのようなものを指すのか、みなさんは考えたことがありますか？

一般的に「ビジネス会話」とは、ビジネスの現場や仕事上のコミュニケーションの際に使われる会話を意味します。もちろん、それは間違いではありません。しかし、かなり単純な定義だと僕は捉えています。

なぜなら、それはただ「仕事」というざっくりした枠組みでカテゴライズしているだけであり、シーンが仕事以外に変われば、また違う考え方や会話の方法が必要とされることを暗に示すものだからです。

そうして世の中には、ビジネス会話の技術、日常会話の技術、プレゼンテーションの技術、接待の技術、雑談の技術……といった具合に、それぞれのシーンごとに会話をテーマにした書籍や情報が次々と登場するわけです。

このようなシーンごとの会話に関する情報が、ビジネス会話に苦手意識のある人を、さらに混乱させる原因になっていると感じることがあります。

「ビジネス会話ではなくプレゼンが苦手なのかもしれない」

「もしかしたら日常会話から直さなければならないのでは？」

そのように、どんどん細部の技術にとらわれてしまうわけですね。

ですが、「ビジネス会話」がうまくいかないのは、まさに、そうした細部にとらわれ過ぎる姿勢や考え方が原因である場合がかなり多いのです。

もちろん、シーンごとに適した手法を考える意義はあります。本書でも、PART2では、ビジネスの現場で起こりがちなシチュエーションを想定し、少しでもビジネスパーソンの助けになるように、僕なりの方法論を提示しています。

一方で、「ビジネス会話」といっても、結局は人と人とのコミュニケーションですから、当然、他のシーンの会話とも共通する部分があるはずです。

いや、むしろそうした**コミュニケーションの本質を考えることが重要**であり、**その部分をしっかりつかむことで、あなたの「ビジネス会話」が成果につながるものになります。**また、**いまよりも楽しく充実したものへと変えていく手がかりを得られる**はずです。

ふだんの会話に限らず、ビジネスにおいても、お互いに楽しく充実した会話ができることが、本来のコミュニケーションの意義であり価値ではないでしょうか。

そこで本書では、まず序章とPART1で、僕なりに「ビジネス会話」を定義し直します。そのために、「そもそも会話とはなにか」という視点に立ち返りながら、より明確に「ビジネス会話」の特徴をあきらかにしていきます。

そのうえで、続くＰＡＲＴ２では、ＰＡＲＴ１で規定したマインドセットを、会議、プレゼン、交渉、質問から雑談まで、ビジネス会話のシチュエーションにあてはめ、実践的な会話の思考法を解説します。

自分の周囲に、立て板に水のごとく話せる人や、大勢の人の前でも堂々と話せる人がいると、どうしても素敵に見えてしまいます。そのため、必要以上に「話し方」を意識し過ぎてしまい、「自分もあの人のようにうまく話したい！」「どんな場面でも臆せず堂々と話したい！」などと願うようになりがちです。

ただ、この**「うまく話そう」という思いこそが、むしろ〝呪い〟となり、話すことのハードルを上げてしまう**危険性をぜひお伝えしたいと考えています。

その思いの奥には、「なにかにつけて正解を求める姿勢」があると僕は見ているのですが、いずれにせよ「正しいか否か」にとらわれると、**上手に話しているよう**

に見えて、話す人の魅力のほうはどんどん失われていくように感じるのです。

もしかしたら、うまく話すことよりも、うまく聞くことのほうが大事なのかもしれません。なぜなら、**人の話をじっくり聞ける人は、その相手に対して自然に興味を持つことができる**はずだからです。

そして、相手に興味を持つからこそ、相手に対する質問や問いかけが上手になっていく。**もともと「うまく話そう」などと思っていないから、逆にどんどん話し上手になっていく**というロジックです。

加えて、「うまく話そう」という呪いから解放されていれば、話し方が不器用な人に対して、寛容に振る舞うこともできるでしょう。

このように考えると、「ビジネス会話」は決してうまく話すこととイコールではないし、**「うまく話そう」と意識する必要すらない**と言えます。

もっと言えば、**ビジネスの目的は端的に言うと「課題解決」ですから、たとえうまく話せたとしても、それが肝心の課題解決につながらなければなんの意味もない**ではありませんか。

僕自身、周囲から「うまく話せる人」と見られることが多いのですが、じつはもともと性格的にコミュニケーションが好きなわけではなく、むしろひとりでいることが好きなタイプです。これについては序章でも述べますが、「ビジネス会話」において、僕はあるひとつのことをつねに意識しているだけなのです。

それは、**話す「目的」**です。

あなたは「なんのため」にビジネス会話をするのでしょうか？

それは、ビジネス上のなんらかの課題を解決するためではないでしょうか。その会話を通じて、お互いに共通理解を得ながら、貢献し合うためではないでしょうか。

そして、話を聞いた人が、「自分もやってみようかな」と思えて、前向きな行動に移したくなっていく――。そんな話をすることができれば、別に不器用な話し方であっても、周囲の人は喜んであなたの話を聞いてくれるでしょう。

その結果として、自分の話を聞いた人がちょっと得をしたり、嬉しい気持ちになったりすると、自分もまた幸せな気分になっていきます。そうして、ビジネス会話がいまよりも楽しく、充実したものに変わっていくのです。

とにかく流暢《りゅうちょう》に話そうとしたり、定型的な決まり文句を多用したり、相手を無理に誘導しようとしたりといった、不自然な「話し方」はもう捨て去りましょう。

いまから一緒に、シンプルかつまったく新しい「ビジネス会話」の世界へ進んでいきましょう。

うまく話さなくていい　目次

序章　必要なのは話す「目的」

PART 1　マインドセット編
「あなた」が話せばビジネスは動く

AI時代に人が言葉を紡ぐ意味

〝話す前〟に知っておきたい3要素
——「合意」「定着」「観察」

PART 2

実践編

成果に直結する「ビジネス会話」10のコツ

1 会話力の基本

「言葉を届ける」ために必要なこと

4 1on1の極意
姿勢はフラットに、視点はさまざまに

5 最強のプレゼン
相手の「心」に残る話の伝え方

6 交渉の秘訣
「ライトパーソン」とともに「ベストアクション」を目指す

序章

必要なのは話す「目的」

「好きな人とだけ」話すのは可能か？

ビジネス会話をテーマにした記事や書籍などでは、もともと「人と話すのが好き」「コミュニケーションが得意」といった人によって書かれているものが数多く見られます。当然と言えば当然で、「コミュニケーションが苦手」という人のビジネス会話の本を読みたいと思う人は、あまりいないでしょう。

ただ正直に言うと、僕自身、人とのコミュニケーションが好きか嫌いかと問われれば、「うーん、どちらかと言うと好きではないかな?」と答えてしまいます。「毎日のようにプレゼンをしたり、メディアで話したりしているのに嘘でしょ?」とよく言われます。「話すのが好きな人なんだろう」というイメージを持たれることがほとんどです。

往々にして、世間的なイメージと実像は違っているもので、僕は人とコミュニケーションすることをあまり好みません。むしろ、**できる限り人と接点を持たず、ひとり**

で自由気ままに過ごしたい「ぼっち体質」だと自認しています。

いや、決して「人嫌い」なわけではありません。少々ややこしいのですが……、わざわざコミュニケーションをしたくなるほどの相手は多くない。

でも、「この人は信頼できるし、お互いに意見を交わし合える人だ」と思えれば、1対1でしっかりコミュニケーションができます。つまり、コミュニケーションに明確な「目的」があれば、むしろ人と関わるのは好きなタイプなのです。

逆に言えば、**「誰とでも仲良くしよう」「会話力を磨いて人脈を広げよう」といった曖昧《あいまい》なコミュニケーションは、できる限りしたくない**ということです。

大ベストセラー『人は話し方が9割』（すばる舎）の著者である永松茂久《ながまつしげひさ》さんは、「話し方がうまくなるコツは好きな人と話すこと。苦手な人とは話さないでいい」という趣旨のことを述べられています。

これには僕も同意しますが、一方で多くの人は、**そうは言っても苦手な人とも話さなければならない状況がある**のも事実でしょう。

僕もこれまで本当にたくさんの人と関わってきましたが、本音を言えば、「この人はちょっと苦手だなあ」「コミュニケーションする相手を選びたいなあ」とこっそり思っていたことも多々ありました。

ただ、僕が育ったのは「誰とでも仲良くするのがいい子」「誰とでも話せるのが大人の証」といったことが〝常識〟とされていた時代。本当はひとりでいたくても、学校や会社ではそういうわけにいかない風潮が強く、なんとか頑張っていろいろな人と付き合ってきました。

それでも、はっきりした目的もなく、人間関係の構築やコミュニケーションを強制されるのはとてもつらかった。

例えば、ワークショップで初対面の人と急にグループを組まされて、「さあ、みんなで話してください！」と言われるようなシーン。みなさんにも経験があるかもしれませんが、そうした類の集団行動はかなり苦手です。

そんな場面に遭遇すると素早く席を離れて、勝手に運営側のお手伝いに回っていました。会場に椅子を並べたり、参加者に飲み物を運んだりするわけですが、そのほうがむしろ**目的がはっきりして、その場にいる人と有意義な会話をすることができた**からです。

「目的」があればコミュニケーションはうまくいく

いまも、講演やプレゼン、大学のゼミなど、明確な「目的」があって情報を発信しメッセージを伝えることについては、僕はコミュニケーションとして苦になりません。**人に対してなんらかの貢献をすることはとても好き**だし、サービス精神もそれなりにあるタイプです。

でも、目的もよくわからないままいきなり会話に放り込まれるのは、やっぱり苦痛。グループワークの他にも、なんとなく行われる飲み会や懇親会に誘われると、はっきりと断ってしまいます。決してそこに来る人が嫌いなのではなく、明確な目的がないコミュニケーションを強いられるのが、しんどくて疲弊してしまうからです。

そして、たとえそうした場に我慢して参加したとしても、僕はそこで有意義な貢献ができないことを、自分自身でよくわかるからです。

目的が曖昧な状態で話すくらいなら、その場を仕切るファシリテーターやホストをやるほうが気楽ですし、自分に向いていると思っています。

もちろん、目的がないコミュニケーションをするときもあります。それは、家族や親しい友人など、相手を選ぶ類のもの。なんの結論にも至らない他愛のない話もするし、多くを語らずとも、お互いに言わんとすることをわかり合える関係性がすでにある場合です。

でも、家族や親しい友人以外の人とコミュニケーションを取る場合は、やはり**会話する「目的」が必要**だと僕は考えます。

目的を持つことをふだんから心がけていると、仕事の場面でもお互いに貢献できることが見つかりやすく、自然と「ビジネス会話」が成立すると考えています。

また、目的がある会話を通して、相手の考え方や価値観を少しずつ理解できるようになると、たとえ意見は違っても、相手に対して好感を持ちリスペクトできるようになる。その結果、**好きな人とだけ会話して、なんらかのかたちで貢献できている**感じになるのです。

このように考えると、先の永松さんの「話し方がうまくなるコツは好きな人と話すこと。嫌いな人とは話さないでいい」という趣旨の言葉は理解しやすくなります。

つまり、「ビジネス会話」においては、なにはさておき、**「この会話の目的ってなんだろう？」と、自分に問うことからはじめるのが大切**だということです。

コミュニケーションの目的があれば、そこには自分が貢献できるものが生まれます。なぜなら、**その目的になにかしらの貢献が期待されているからこそ、あなたがその場にいる**はずだからです。さもなければ、ビジネスでありながら、あなたにとってなんの意味もない会話をしていることになります。

また、目的があれば、**自分が「与える」だけでなく、同じ目的のもとに集まった人たちから、さまざまなものを「与えられる」関係をつくる**ことができます。明確な目的のもとに、情報や知識、知恵などを交換し合えるわけですから、各々に得るものが多く、「ところでなんの話だっけ？」「わたしはなにをすればいいんだっけ？」という状況がなくなり、会話やコミュニケーションがむしろ楽になっていく面があります。

このことは、まさに本書のテーマである「ビジネス会話」に直結します。

いま、「ビジネス会話が難しい」「もっとうまく話せるようになりたい」「仕事のコミュニケーションがしんどい」という人は、それをする「目的」が曖昧である可能性が高いということです。

その意味では、コミュニケーション自体を目的にして、よく知りもしない人たちと会って会話していても、「ほとんどが時間の無駄になる」とお伝えしたいと思います。

「人脈を広げたい」「もっとコミュ力を高めたい」といった、コミュニケーション自体を目的にする人がよく見受けられますが、「なんのため」に目の前の相手と話しているのかよくわからない状態でコミュニケーションをとっていても、ただ疲れるだけで、自分の益になることはほぼありません。

加えて、いつも同じ属性の人と、同じ話題（たいてい他人や会社の悪口です）を交わし合っていることも意味がないでしょう。そんなことでは、「ビジネス会話の技術」なんてひとつも身につきません。

なぜなら、そこにはやはり、未来に向けた目的がないからです。

手段を目的化すると「たかられる」

会話のための会話、コミュニケーションのためのコミュニケーションは、言わば手段を目的化していることになります。

この点について僕は、**「手段を目的化するとたかられる」**といつもお伝えしています。どういうことでしょうか？

例えば、不特定多数とコミュニケーションすること自体を目的にした場合、そうした場を提供する人から、時間やお金を搾取される可能性があります。もちろん、その場を提供する人から多くを学べたり、参加者が同じ目的を共有したりしているならば問題ありません。

しかし、コミュニケーション自体を目的にして、原価がワンドリンク程度のイベントに数千円から数万円を払って参加するとなると、これは完全に搾取されていると見ることができます。

「そんな怪しいイベントやセミナーには参加しないよ！」という人でも、目的のない、会社の「飲みニケーション」への参加については身に覚えがありませんか？

飲みニケーションは、会社のメンバーがお互いを理解し、ひとつにまとまるための大切な機会だとする意見も根強くあります。

でも、冷静に考えると、そこに相関関係はまったくありません。飲みニケーションをすれば、お互いを理解できて一丸となれるのであれば、苦労が多いチームマネジメントや1on1ミーティングなどさっさとやめて、毎日飲んでいればいいではないですか。

そんな組織はありませんよね。飲みニケーションを推進する人は、ただ思いつきで声をかけているだけなのが実態でしょう。それでも、「あの人が出席するから行かざるを得ない」「幹事に申し訳ないから行くしかない」と、断りづらい空気から参加する人が後を絶たないのです。まさに、コミュニケーションのためのコミュニケーション。結果的に、参加者の温度感がばらばらの飲み会になり、音頭を取った人だけが盛り上がる場になってしまうというわけです。

それはやはり、時間やお金を搾取されていると言えるのではないでしょうか。

時間を奪われるとは人生を奪われること

「手段の目的化」の最たる例は、お金です。お金は本来、モノやサービスと交換するためのツールに過ぎませんが、それを得ること自体が目的になっている人がかなりいます。

ですが、**「お金持ちになりたいからお金がほしい」という状態だから、「これをやると儲かりますよ」と寄ってくる人たちに引っかかりやすくなる**わけです。

結果、よく理解もしていない株や仮想通貨などの金融商品をすすめられたり、「ラクして儲かる」と謳《うた》う商品やサービスを購入したりして、大事なはずのお金をむしられてしまう。それはやはり、手段であるお金を得ることを目的にしているからです。

そうではなく、大切なのは、自分のやりたいことや得意なことを誰かに提供し、その対価としてお金を得ることのはずです。

そして、それは**「とにかくうまく話せるようになりたい！」と、コミュニケーションの上達自体が目的になったときと、まったく同じ構造**と言えます。「じゃあ、こうすればうまく話せるようになりますよ」という人に搾取されやすくなるし、必ずしも悪意を持ってお金を取られるわけではなくても、少なくとも、あなたの貴重な時間を奪われることになります。

なぜなら、やはりここにも「目的」がないからです。**「どんなときに」「どんな場面で」「どんな人たちと」「なんのために」「どのように」「どの程度まで」うまく話せるようになりたいのか**――それらを突き詰められていないということです。


ご存じのように、時間はお金とは比べようもないほど貴重です。お金は減ってもまた増やすチャンスがありますが、過ぎ去った時間は取り戻せません。

時間とはあなたの命であり、人生そのものなのです。

そんな貴重なものを、目的もよくわからないものに差し出してしまう人があまりに多いのは、繰り返しますが、ひとえに「なんのためにそれをするのか」という目的を突き詰めていないことに尽きるのです。

目的のない会話は信頼の失墜につながる

世の中には、名刺を交換して数人と会話するといった情報交換の場がたくさんあります。僕は、こうした場が時間やお金だけでなく**「情報搾取」**の場になり得ることも、みなさんに知っておいてほしいと思っています。

あくまで僕の経験則ですが、自ら進んで**「情報交換しましょう！」と寄ってくる人たちが、本当に交換する価値がある情報を持っている確率はかなり低い**のです。

もちろん、交換する価値がある情報をお互いに持っているなら、ｗｉｎ－ｗｉｎのコミュニケーションが成立します。自分が「Ａを知っていて、Ｂを知らない」という状態で、相手が「Ｂを知っていて、Ａを知らない」のであれば、情報交換によって両者ともＡとＢを知っている状態になるため、そのコミュニケーションには価値が生まれます。

しかし、自分が「Ａを知っていて、Ｂを知らない」ときに、相手が「ＡもＢも知らない」状態では交換が成り立ちません。Ｂの知識を得られると思って会ったのに、相手がＢのことを知らず、にもかかわらず「Ａについて教えて！」と一方的にねだられるのが、情報交換の場でよく起こる不均衡のパターンです。

これが相手に関するリサーチ不足だったならまだ自省できるのですが、酷い場合には、相手がＢについて知っているように見せかけながら、実情はＢについて聞いたことがあるという程度でも、堂々と現れるような事態もよくあります。

自分は「Aを100％知っていて、Bは10％知っている」状態で、Bに詳しそうな人に会ったはずが、相手は「Aについてはゼロ、Bも5％しか知らない」というアンバランスな状態で〝情報交換〟をする羽目になるというわけです。

ちなみに、なぜこのようなことが起きるのかと言うと、**お互いが考える基準や単位が明確ではなく、ずれているから**です。要は、ある事項について10％知っている状態を「知らない」と考える人と、5％知っている状態を「知っている」と捉える人がいるということです。そうして先に述べたように、自分が5％しか知らないのに、自ら進んで「情報交換しましょう！」と近づいてくるというわけです。

これらの基準や単位は主観的なものであり、世の中に基準となる明確な数値もないため、よくこうしたことが起こるのです。

「ビジネス会話」に話を戻すと、情報交換の場でも、先立って「目的」を見極めることがとても重要です。

「いろいろな人と話そう」「あのことについて聞けたらいいな」程度の曖昧な目的で参加するのではなく、自分は**「なんのために話すのか」「なぜこの人なのか」「どんな情報がほしいのか」「代わりに自分はなにを提供できるのか」を明確にしたうえで会話に臨む**ことが大切です。

交換する情報のバランスが釣り合わないとき、搾取された側は、相手に対して不信感を抱きます。

つまり、**目的のない会話をしていると、ビジネスでもっとも重要な資産である「信頼」をいつの間にか失う**ことにもつながるのです。

ここまで、「ビジネス会話は目的が重要」と繰り返し述べてきました。これが本書の大前提であり、目的がないまま「うまく話したい」などと考えると、本末転倒になることがおわかりになったのではないでしょうか。

それを踏まえたうえで、ＰＡＲＴ１では、「ビジネス会話」によってその目的を果たすためにどのように話していけばいいのかという〝基本方針〟を、より詳しく説明していきます。

PART 1

マインドセット編

「あなた」が話せばビジネスは動く

AI時代に人が言葉を紡ぐ意味

人と人とのコミュニケーションは〝聖域〟

いま、生成AIが、人間社会のあらゆる場面で大きな存在感を示しています。

生成AIは膨大かつ多様なデータのパターンや関係性を学習し、さらにそこから新しいコンテンツを生み出すことができるわけですから、決められた行為を自動化する従来のAIとは根本的に異なる性質を持っています。

新しいコンテンツを生成するために自ら学習できるのならば、人間のコミュニケーションに関しても膨大なパターンを学習し、人間の代わりにコミュニケーションを取ることができるでしょう。それも、圧倒的な正確性とスピードを有して。

そうした状況において、人間同士が行う従来のコミュニケーション――とりわけビジネスコミュニケーション（＝ビジネス会話）は、これからどのように変化していくのでしょうか。いずれ、すべてが生成ＡＩに置き換わってしまうのでしょうか？

僕はそれでも、「人と人とのコミュニケーションは〝聖域〟として残される」と考えます。

その理由を端的に言えば、**生成ＡＩは、人と人とがコミュニケーションする「目的」を立てることができない**からです。

当然ながら、「目的」を立てるには、なにはさておき人間の「意思」が必要です。「いつ、どこで、誰と、なにについて、なんのために話すか」をＡＩに決めてもらう必要はないでしょう。

いや、そんなコミュニケーションの目的すらＡＩに決めてもらうにしても、それは特定のテーマや状況などに関する膨大なパターン認識に過ぎません。例えば、あらかじめコミュニケーションの目的や内容が決まっていて、ただ「効率を上げたい」という「意思」がある場合はその限りではありません。

ここで僕がお伝えしたいのは、人間一人ひとりには「意思」があるのだから、AIが最良だと判断した時間、場所、人、テーマ、目的通りにコミュニケーションを図る必要はないということです。

加えて、人間はデータや情報、知識の処理量やスピードでは到底AIに敵《かな》いませんが、知識を深く理解して洞察を得たり、思いもよらないかたちで情報や知識を組み合わせたり、直感的なひらめきを得たりすることができます。

そうした創造力(想像力)では人間に分があり、それらが人間を人間たらしめる「知恵」であるはずです。

小室哲哉が〝わざわざ〟キーボードを弾く理由

生成AIが一般に普及しはじめた頃、僕は強い興味を持ってそれらのツールに触れながら、ふと自分が20代の頃のいくつかの記憶が蘇りました。そのひとつが、TM NETWORKで活動していた小室哲哉《こむろてつや》さんのインタビューでの発言でした。もう30

年くらい前になるでしょうか。

彼は長いこと、シンセサイザーの打ち込み（＝前もって演奏データを専門の装置およびソフトウェアに入力し、それを再生して演奏する技法）をメインに楽曲をつくり、ライブ活動を行ってきました。ほとんどが打ち込みですから、ライブではそれらの演奏情報を再生すればよく、本人はキーボードを触る必要すらありません。

それでも小室さんは、ライブなどでところどころ、キーボードを演奏していました。そのことについてインタビュアーが、「わざわざ演奏する必要はないのでは？」という趣旨の質問をしたところ、小室さんはこのような内容のことを答えたのです。

「自分の弾きたいところだけ残しているんです」

つまり、「すべて機械でできるけれど、自分が演奏したい箇所は演奏しよう」と、彼は自らの意思を持って「目的」を立てたわけです。この30年以上も前の発言が、生成ＡＩがどんどん進化する現代において、コミュニケーションという文脈で、僕のなかでシンクロしました。

もし楽曲を正確に再現したいなら、コンピュータのほうが圧倒的に得意であるのは自明のことです。でも彼は、自分が演奏したいところは自分で演奏した。

これは僕の推測ですが、おそらく**人間がわざわざ演奏することで生じる不正確さやずれ、ミス、方針の矛盾といった〝揺らぎ〟があるほうが、音楽は確実に面白くなるし、また新しいものになる**という直感があったのではないでしょうか。

同様のことが、現代の「ビジネス会話」においても言えると考えています。

ビジネスでは、客観的な情報をやり取りする部分が相当程度あり、そこは今後ＡＩで代替可能です。もし、正しいことを正しくやるだけなら、すべて機械に任せればいいでしょう。

しかし、**ビジネスには、確実に人間が担う部分もある。**それこそ「目的」を立てることや、誰となにについて会話するかを選択することは、人間の意思によります。

また、人間の能力や行動、想像力などには、人間ならではの矛盾やずれなどの〝揺らぎ〟があり、そこにこそ人間だけが生み出せる面白さや新しさがある可能性が高いということです。

まったく異なる考え方やアイデアが結び付くことで新しい価値が創造され、そんなモノやサービス、仕組みなどが大きな社会変化をもたらすことをイノベーションといいます。ヨーゼフ・シュンペーターの言葉を借りれば、イノベーションとは「新結合」という意味です。

人類はこれまで、それぞれまったく異なるアイデアや価値観などをぶつけ合い、結び付け、イノベーションの源泉とすることで社会を発展させてきたと言えます。

先の例なら、コンピュータの正確無比な演奏に、人間の〝揺らぎ〟がある演奏を「結合」させることで、まったく新しい価値(音楽的イノベーション)を生み出したと見ることもできるでしょう。

そのような、本来的に矛盾や欠点を抱えた人間の振る舞いである「人と人とのコミュニケーション」を人間は残しておいたほうがいいのではないか、いや、残しておいたほうが、人間は面白く生きられるのではないかと僕は考えます。

POINT

人と人のコミュニケーションがあってこそ、ビジネスは面白くなる

うまく話せるかではなく「誰が話しているか」

それぞれ異なる考えや価値観を持つ人と人とが、わざわざコミュニケーションをとって、まったく新しいアイデアや面白さを見出していく。さらにそこから、ユニークなモノやサービス、仕組みなどが生み出されていくと思うと、僕は単純にワクワクしてしまいます。

そうして社会全体がより善《よ》きものに、自由でフラットな状態に変わっていけば、お互いにハッピーですよね。僕はそんな位置付けで、人間が担うコミュニケーションを〝聖域〟として残したいと思っています。

情報同士を正しくやり取りするだけなら、それこそ機械に任せればいいでしょう。生成ＡＩなら、複雑なデータやパターンの積み上げと組み合わせによって自ら学習し、新しいコンテンツを生成できるわけです。すると、「人間らしく見えるが、人間には思いつかないアイデア」なども、いずれ生み出すことができるはずです。

人間らしい矛盾やずれ、ミスといった〝揺らぎ〟までも学習し、より人間らしく振る舞うようになるのかもしれません。

それでも僕は、そうした再現性に人間のコミュニケーションの本質はないと考えています。なぜなら、先の小室さんの例で言っても、**「再現できるかできないか」は本質的な問題ではない**と見ているからです。

そうではなく、なぜ彼らの音楽に意味と価値があり、面白さと斬新さが生み出されたのかと言うと、**「彼らが演奏すること自体に意味があった」**からなのです。

これを「ビジネス会話」の文脈に置き換えてみると、「再現できるかできないか」が本質的ではないということは、**「うまく話せるか話せないか」はさほど重要な問題ではない**ということになります。

それよりも重要なのは「誰が演奏するか」、つまり**「誰が話しているか」**なのです。たとえ同じ言葉や内容でも、誰が語るかによって、聞き手への伝わり方はまったく異なります。また、期待値も変わるでしょう。**「あの人が言うのなら……」**と納得させられた経験は、みなさんにもあるはずです。

このように、**今後の「ビジネス会話」では、「誰が話しているか」が大きな意味を持つようになる**でしょう。そして、その延長線上で、「未来はこうなるといいよね」という理想やビジョンを語れる人が、より存在感を増していくに違いありません。

とにもかくにも、「自分の意見」を言う

「誰が話しているか」が重要になるということは、会話において、「わたしはこう考える」「わたしはこの選択肢を取る」というように、**「自分の意見を話す」ことを積極的に行う必要がある**ということです。

僕は仕事柄、多くのビジネスパーソンとお会いする機会がありますが、世代に関係なく、自分の意見を話すことができなくなっている点が、ビジネスコミュニケーションにおける最大の課題だと捉えています。

なぜ、自分の意見を話すことが難しくなるのか？　それはやはり、**「うまく話す」ことにとらわれている**からです。

とりわけ多くのビジネスパーソンが抱えている心理的制約のひとつが、**「正しいことを言わなければいけない」「正しくなければ言ってはいけない」という意識**です。

推測ですが、過去に自分の意見を率直に伝えた際に、強く否定された経験を持つ人が多いのではないでしょうか。

それこそみなさんは、かつて入社式で、社長から「恐れずに、みなさんの若い感性をどんどんぶつけてください！」といった趣旨のことを言われたかもしれません。そこで、「そうか」と思って上役に自分の意見を主張してみると、あっさり潰される……。そんなことを数回も繰り返せば、相手からは面倒がられるし、嫌われるしで、自分の意見を話してもいいことはなにひとつないと、否が応でも学習させられます。

そのときの「正しさ」は、かなり限定された場所（＝社内や部署内）でしか通用しないものであるにもかかわらず、それに抗するよりも、「出る杭は打たれる」からじっとしていようというマインドになっていくのでしょう。

心理的制約のもうひとつは、**「わたしにそれを言う資格があるのだろうか？」「こんなことをわたしが言ってはいけないのでは？」と、発言に資格のようなものが必要だ**

と思っていることです。これは真面目な人にこそ多いパターンです。

でも、この考えにとらわれると、「準備してからでないと発言してはならない」と思い込みかねません。それは言わば、**「○○してから思考」**というマインドであり、これに陥ると、ビジネス上の判断や意思決定のスピードが極端に遅くなります。

そうなると、仕事がうまく回らなくなっていき、とにかく「怒られないようにする」ことがトッププライオリティとなって、「自分の意見を話す」なんて、ますますできなくなります。

しかし、お気づきになった人もいるかもしれませんが、そもそもいまの時代に、「正しいことを言わなければいけない」「わたしにそれを言う資格があるのだろうか？」などと考えてしまうこと自体、筋が悪いと言えます。

なぜなら、結局のところ、限定された「正しいこと」はすべて、生成ＡＩがなんの資格もなく簡単に処理できることだからです。

POINT

「正しいこと」や「言う資格」にとらわれず、自分の意見を話そう

自分だけの「一次体験」が会話を変える

では、どうすれば「自分の意見」を持つことができるようになるのでしょう？自分の意見と言っても、素材がゼロの状態からそれを考えるのは至難の業です。よって、自分の意見を述べたつもりでも、どうしても借り物の知識をつぎはぎしたようなものになりがちです。みなさんも、饒舌な語りを聞きながら「どこかで聞いたことのある話だな」と感じたことは、一度ならずあることでしょう。

ならば、どうするか？　ここで、「誰が話しているのか」に着目することが手がかりになります。

つまり、**「自分にしか話せないこと」を話せばいい**のです。

僕が「自分にしか話せないこと」に関して、はじめて成功体験を得たのは1995年、26歳のときでした。

キャリアの初期、いわゆる文系SEだった僕は、コンピュータ関連技術についての前提知識や専門知識が圧倒的に不足していました。とにかくまわりの人や技術環境についていくために必死で、毎日、目の前30センチメートルしか見えていないような近視眼的な状態で働く日々。自分にしか話せないことを話すなどという発想すらありませんでした。

決定的な転機となったのが、いまの時代ならなんのこともない――**「自腹でパソコンを買う」**という選択でした。当時はまだ一般的にパソコンは普及しておらず、「パソコンは会社で使うもの」というのが常識だった時代に、ハイエンドモデルだった約50万円のパソコンを購入したのです。

この意思決定には、テクノロジーが急速に進歩しつつあった当時の時代のうねりも関係しています。

よくＷｉｎｄｏｗｓ95が発売された１９９５年がインターネット元年と言われますが、その大きな引き金となったのは、１９９２年頃に起きたコンパックショックです。

それまでのパソコンは、標準的なモデルで40～50万円、ハイスペックモデルになると約70万円にもなり、周辺機器を加えると１００万円近くもする代物でした。いまではちょっと信じられない価格ですが、そんな状態のときに、コンパックによる標準モデルが約20万円、最安モデルで12万8000円という驚異的な低価格パソコンが上陸したのです。

これをきっかけに、国内のパソコンの価格も下落していきました。雑誌を眺めながら、「パソコンって思ったより安く買えるんだな」と感じたのを覚えています。

とはいえ、選んだのは当時の最新スペック。20代のサラリーマンにとっては高額なローンの支払いに難儀しましたが、その思い切った投資は、最高の結果をもたらしました。

「他の人がまだ持っていない最新のインターネット・テクノロジーに、自分だけが存分に触れることができる」状態となり、圧倒的な先行者特権を得られたのです。

知識や経験がなにもない状態でも、自分だけの「一次体験」を得ることができたことは、僕の強烈な成功体験になりました。いまでも自腹でパソコンを買ったことは、僕のキャリアにおける最大の投資だったと断言できます。

そして、この**一次体験こそが、僕の「ビジネス会話」を根本的に変えた**と思います。

それは、**自分だけの体験が、そのままビジネスの話のネタになった**からです。

先に、これからの時代は、「誰が話しているか」がより重要になり、それには「自分の意見を話す」ことが欠かせない要素になると述べました。でも、これはいくら頭で考えていても、すぐにできることではありません。

だからこそ、自分だけの一次体験が重要なポイントになるのです。

僕の場合は、パソコンが普及していない時期に、早々に自腹でパソコンを購入し、そこで得た自分の一次体験が、「自分にしか話せないこと」になりました。それを周囲に伝えていくことがそのまま、ビジネスの現場においても、「自分の意見を話す」ことにつながっていきました。

加えて、僕は文系ＳＥという、専門家が集まるテック界隈では門外漢の存在として苦労したので、新しいテクノロジーのキャッチアップに苦労する一般の人の気持ちも痛いほど理解できました。

そこで、**自分にしか話せないことや自分の意見を、「誰よりもわかりやすく伝える」点にこだわった**ことで、話に耳を傾けてくれる人がどんどん増えていったのです。

一次体験の掛け合わせが新しいビジネスを生む

パソコンを自腹で購入した僕の一次体験は、幸運にも、インターネットの登場という世界を根本的に変化させたグレート・リセットと重なりました。ただし、そんな時代の変化を見越して、戦略的に自己投資をしたわけではありません。

むしろ、僕を駆り立てたのは**本能的な危機感**でした。文系SEとして苦しむなかで、**「なにか自分に根本的な変化を起こさなければ」という危機感があり、自分なりに、「他の人がまだやっていない」思い切った行動へと踏み切った**のだと思います。

要するに、僕は追い詰められていた。追い詰められていたがゆえに、自分が生き残るための、人間ならではの「直感」が働いたのかもしれません。

現在も、生成ＡＩの登場というグレート・リセットが再び起きようとしています。ただ、別に生成ＡＩの専門家になる必要はありません。なぜなら、あらゆる分野にそのインパクトが及ぶわけですから、**自分の分野で自分に投資し、自分なりの一次体験**

を積み重ねていけばいいのです。

大事なのは、それを意識することです。そうすれば、自分のオリジナルの体験を積み重ねて、「自分だけが話せること」をつくっていくことができます。そんな話こそ、人は「聞いてみたい！」と思うものなのです。

ちなみに、僕はその体験以降、パソコンは言うに及ばず、テクノロジー関連のツールについてはできる限り最新のものに投資し続けてきました。テクノロジーが仕事の種だったので、つねに新しいものにキャッチアップする必要性もありましたが、それ以上の「目的」があったからです。

それは、最新のテクノロジーに実際に触れて、一次体験を積み重ねることで、**先行者として誰かに話すコミュニケーションのネタをつくる**という目的です。

あることを一次体験として知っていると、「わたしはこう考えます」「なぜならそれを実際に体験してこう思ったからです」というように、伝える言葉に厚みと説得力が生まれます。この、**堂々と「自分の意見」を伝えられることこそが、話すときのひとつの大きな安心材料となり、あなたの「ビジネス会話」を磨いていく**わけです。

特定の分野に関してマウントを取れるといった意味ではありません。それについて話す自分に健全な自信を持つことができ、その結果として、多くの人が話に耳を傾けてくれることにつながっていくのです。

それが、「誰が話すか」に大きく関わっていることは言うまでもありません。

さらに、そんな一次体験の情報を多様な人たちと交換していけば、どんなことが起こるでしょうか？

「あなたはそんな体験をしたのですか⁉」「わたしの体験したことを話しますね！」「面白いですね、もっと教えてください！」という具合に、各々の一次情報が掛け合わされてシナジー効果を生み出し、新しいビジネスやアイデアがどんどん創出され、イノベーションを起こしていくのです。

この**「新結合」こそが、ビジネスコミュニケーションの価値であり、「ビジネス会話」が真に重要である意味**なのだと思います。

POINT

「自分の意見」は一次体験から生まれ、磨かれる

「あなただけの価値」を見つけるヒント

いまは情報が簡単にコピペできて、今後はその情報が勝手に生成されていく時代になっています。だからこそ、「誰が話すか」が重要なのです。話す人の一次体験というコンテキストとセットになった話が価値を持ちます。

たとえ同じ内容を話したとしても、**自分が話すことではじめて意味を持つ状態をいかにしてつくっていくか。「あなたがそう言うならやってみようかな」と、聞き手に思わせる状態をいかにしてつくっていくか**——。

こうした視点が、今後の「ビジネス会話」で重要なポイントになるでしょう。

そんな力を養っていくには、**自分の話によって、「人を喜ばせた回数」**も手がかりになります。

自分ではごくあたりまえのことを話しているつもりなのに、なぜか感謝されたり、周囲に刺激を与えたりしたことはありませんか？　そんなことを洗い出し、意識的に知識と体験を深めていくと、より相手の心に刺さる会話のコンテンツとなり、あなただけの価値を表現することができるはずです。

ここまで、「ビジネス会話」について、僕なりに定義し直してきました。

話す目的が大事であること、誰が話すかが重要な時代になっていること、そのためには自分の意見を話すことが必要で、それには自分だけの一次体験が手がかりになること……。みなさんの「ビジネス会話」を根本的に変えていく、いくつかのポイントをお伝えしました。

いずれにせよ、「うまく話そう」「ロジカルに話そう」などと考え過ぎることは、意味がないとおわかりになったはず。**うまく話すから話が伝わるのではなく、あなたにしか言えないことだから話が伝わる**のです。

次項からは、この前提を踏まえたうえで、みなさんのビジネスで毎日のように起こる「ビジネス会話」の大問題に立ち向かっていきましょう。

それは、**「言ったことが伝わらない」問題**です。

〝話す前〟に知っておきたい3要素
――「合意」「定着」「観察」

「合意」と「定着」のフレームワーク

「あのとき言ったはずなのに」
「何回も言っているんだけどなあ」
「この話、前にもしましたよね」

心のなかで、こう嘆いたことがある人も多いと思います。
ビジネスシーンで頻発する、「言ったことが伝わらない」問題。この問題を解決するため、僕は「ビジネス会話」を次のフレームワークで捉えています。

ビジネス会話は、「合意」と「定着」で考える。

まず、**ビジネスをうまく進めていくには、関わる人たちがなんらかの「合意」に至っておくのがとても重要**だということです。

合意するとは、**ゴールを共有する**とも言い換えられます。当然ながら、到達したいゴールがなければ、そこへ向けたステップが進んでいきません。

もし、合意なしで実行すると、途中で衝突が起きる可能性が高まります。「わたしはそんなつもりじゃなかった」「こんなはずじゃなかった」と言い合う状況が生まれるわけです。

だからこそ、まず当事者同士で、なんらかの合意をすることが大事になります。

その後は、ゴールに向けてプロセスを進めていくのですが、**ステップごとにマイルストーン（道しるべ）を設定し、なにをもって「うまくいっている」とするか、その**

判断基準についてもあらかじめ合意しておきましょう。

「この段階のマイルストーンはクリアしたから大丈夫。よし、次へ行こう」という具合に、判断基準を随時チェックし、つねにマイルストーンによって状況判断をしながら進んでいきます。

これが**「定着」**という意味であり、言い換えれば、小さなゴールの達成を積み重ねていくことです。状況判断のための道しるべをもとに、最終的なゴールへと向かっていきます。

ビジネスを適切に前進させるには、まずは当事者同士で目指すゴールを「合意」する。そして、小さなマイルストーンをつくり、正しく状況判断をしながらスピーディーにそのプロセスの「定着」を図っていく。

「ビジネス会話」の存在意義は、この手順を促すことにあると言ってもいいでしょう。

相手に伝わっていない時点で負け

「合意」と「定着」をうまく実現できず、「言ったことが伝わらない」問題が発生してしまったときは、どうすればよいのでしょうか。

前提として僕は、どんなものごとにおいても、**相手の時間を無駄にすることが、相手にかける迷惑のトップ**だと位置付けています。

例えば、仕事で使うツールに不具合が起きると、うまく動作しないことで相手の時間が無駄になるとみなすことができます。あるいは、相手がお金を損したならば、相手の時間あたりの収入が減ることで時間が無駄になっていると言えるでしょうし、そのお金を取り戻すために、相手は余計な時間を使わなければなりません。

そこで、僕は自戒も込めて、もし自分が相手の時間を奪う状態になったり、相手が期待する体験に十分応えられなかったりする状態になったなら、**最初にまず「謝る」**という行動をしようと心がけています。

先にきちんと相手に謝ったうえで、その理由と今後の対策についてしっかり伝えていくようにしようと決めています。

ただ、この「謝る」ことを先にできない人も結構多いと感じることがあります。みなさんもビジネスにおいて、こんな言葉を耳にしたことがあるのではないでしょうか。

「自分たちは先に伝えている」
「ずっと周知し続けていたはずだ」
「チャットにしっかり書いているんですけど」

実にさまざまな言い方がありますが、つまるところ、**「わたしたちは悪くない」**と言いたいわけです。特に、情報の発信側は、つい「先に伝えた」「ここに書いている」と言いたくなりがちですが、こうした言葉の応酬が、コミュニケーションのミスや断絶を生む典型的なパターンなのです。

ここでお伝えしたいのは、**コミュニケーションは、「相手に伝わっていない時点で負け」**だという事実です。

なにかを指摘されると、つい感情的になり、自分たちを正当化しがちですが、主観や感情を盾にして頑《かたく》なに謝らないでいると、ビジネスにおいては、結果、手がつけられないエラーにまで発展する可能性もあります。

もちろん、どんな場合も謝ればいいというものではないし、謝罪を強制するのはハラスメントです。ですが、あきらかなコミュニケーションの齟齬《そご》があるにもかかわらず、それに対して「わたしはちゃんとやっています」と返すのは、残念ながらコミュニケーションとしては0点の対応と言っていいでしょう。

先に述べた時間の搾取をなくす意味でも、**「ビジネス会話」では、どちらが正しいか、正しくないかではなく、まず「伝わっているか、伝わっていないか」にフォーカスする**ことに注意しましょう。

質問できる人は、成長できる人

コミュニケーションミスがあきらかになったとき、僕なら、「すみません、それはご迷惑をおかけしました」と謝ったうえで、まず相手に**「質問」**します。

「なにがわかりづらかったですか？」「いつ頃からその状況でしたか？」というふう

に、できる限り情報を得るようにします。

その情報は相手の主観がベースになっているかもしれませんが、それを頭のなかで差し引きながらも、**まずは「なにが起きているのか」についての情報を集める**プロセスが必要なのです。そうすることで、相手との溝が少しずつ埋まっていく場合もあれば、「こうすればよかったですね」と新たに提案できることもあります。

場合によっては、どちらかの非を認めることで、ものごとを先の解決のプロセスへと進めることもできるでしょう。

大事なのは、コミュニケーションの齟齬が起きたときは、いきなり自分たちの言い分や反論を伝えるのではなく、**相手から情報を引き出すことに集中する**ことです。

これにより、ビジネスで対立構図に陥りそうなときでも、状況を整理でき、適切なアクションへ導くことができます。仮に、相手が攻撃的な対応をしてきた場合は、なおさら情報を集めてリスク管理をすることが重要な対応になります。

質問するという行為は、相手の考え方やユーザーの視点、実際に体験した人たちの感覚がどのようなものかを確かめることだと言えます。自分の頭ではわからないからこそ、相手に聞いて、**相手の論理を知る**必要があるのです。
とにかく、感情的になっていいことなどほとんどありません。つい、「わたしは悪くないよ！」という気持ちになるときもあるかもしれませんが、そんな状態になったのは、むしろいい情報を集めるチャンスだと捉えましょう。

その意味では、**相手に質問できる人は、成長できる人**と言い換えることができるでしょう。自分のポジションを変えずにただ感情的に反応しているだけでは、いつまでも同じ場所に留まる自分でしかいられません。

観点を変えると、質問することは、「相手に興味を持つ」ことに直結しています。「なぜこの人はこのような状況になったのだろう？」「どんな気持ちになったのだろう？」と相手に興味を持てば、質問は自然と出てくるものだと僕は思います。

感情のほうが先に出ると、相手を攻撃して終わりです。だからこそ、**「ビジネス会話」においては、「相手に興味を持つ」ことを基本姿勢にする**ことが重要なのです。

そのワンクッションがあるから、相手が感情的になっているときでも適切に質問を出せるようになり、問題を改善することができる。

そうして、お互いの未来をいいものに変えていけるのです。

ビジネスとは「問題を解決する」こと

「感情的に反応しないようにする」と書きましたが、より本質的に言うと、感情的になってもならなくても問題の解決はできます。**ビジネスにおけるゴールは問題を解決することで**あり、感情がどう動こうが、そこに相関関係はないからです。

ただし、主観的になれば相手からのさまざまな指摘を受けやすくなるし、感情的になったら相手に受け止めてもらえなくなるリスクも高まってしまう。よって、感情的になる意味はあまりないのですが、そこだけに気をつければビジネスコミュニケーションはうまくいくのかというと、そうとも言えません。

だからこそ、ビジネスではお互いにゴールを「合意」することがすべてと言っていいほど重要になるのです。

「わたしたちがお互いに目指している姿はなんでしたっけ?」という、ビジネスの目的やビジョン、得たい結果などを「合意」すること。それができていなければ、いくら「わたしはちゃんとやっているのに！」と感情的になっても意味がなく、そもそも「ビジネス会話」は成立しないでしょう。

もし、**前提となる「合意」がないなら、なによりもまず、それをつくらなければなりません。**そして、お互いになんらかの合意を目指すからこそ、対立が発生しそうなときは、相手が考えていることを知るための「質問」が必要になります。

そうして**ビジョンやゴールがきちんと共有され、お互いの合意に対してみんなが貢献しようとしはじめると、質の高い情報が集まりやすくなります。**

逆に、ビジョンやゴールがぼんやりしていると、いくらお互いにコミュニケーションを図っても、有象無象の質の定かでない情報ばかりが集まってきて、問題の解決に至れず、ほとんどの場合「ビジネス会話」はうまくいきません。

それゆえ、「相手に伝わっていない時点で負け」ということになるのです。

POINT

「合意」と「定着」を積み重ねてコミュニケーションの齟齬を防ぐ

コミュニケーションの基本は「観察」にある

ここまで述べてきたことを踏まえて僕は、ビジネス会話はもとより、人と人とのコミュニケーションでは、**相手を「観察」するプロセスがかなり重要**だと見ています。というのも、誰かと会話をするとき、多くの場合は相手が言いたいことを声を通して聞いていますが、相手が発したこの「音」のなかには、言葉以上の情報がたくさん含まれているからです。

わかりやすく言うと、早口になっていたり、不安そうな口ぶりになっていたり、少し震えていたりといった音の様子をしっかり観察することができれば、そこでやり取りされる表面的な言葉よりも、はるかに多くの情報を得ることができます。

場合によっては、言葉とは逆のニュアンスになることもあり得ますし、音だけですべてが認識できるわけでもないでしょう。それこそ**相手の表情や仕草、第三者との関係性や置かれている状況などによっても、話している意味がまったく変わってしまう**

ことはよくあります。

仕事の締め切りについて尋ねたとき、ニコニコしながら「大丈夫です」と言っている状態と、まともに目も合わせずに「大丈夫です」と言っているのとでは、同じ言葉であってもまったく意味合いは変わりますよね。発しているのは「大丈夫」という同じ言葉ですが、しっかり相手を観察できていると、前者なら「なにかあったら言ってくださいね」という返事になるし、後者の場合なら、「なにを手助けすれば大丈夫そうですか?」と、周囲の声かけの言葉が変わっていきます。


まとめると、相手との会話をただ言葉や情報として捉えているだけでは正しい状況判断はできず、適切なコミュニケーションができるわけでもないと知っておくことが大切です。こうした細部のニュアンスにこそ、コミュニケーションに齟齬が生じる原因が潜んでいることがよくあるからです。

そこで、それらをきちんと認識するために、相手の発する音、身振り手振り、関係性といった会話を成り立たせている背景やコンテキストを、総合的に観察する必要があるのです。

観察からはじまる「OODAループ」

前項で、コミュニケーションにおける「観察」の重要性を指摘しました。

みなさんは、**「OODA（ウーダ）」**という、意思決定と行動に関する理論を聞いたことがありますか？

これは、「Observe（観察）」「Orient（状況判断）」「Decide（意思決定）」「Act（行動）」からなるフレームワークのことです。

多くのビジネスパーソンはPDCAサイクルをご存じだと思いますが、PDCAのようにPlan（計画）から入るのではなく、**まず観察から入り、状況判断を経て、決断し、行動するという考え方**です。

PDCAのように、計画を立ててからなにかをはじめようとすると、ついつい、よりよい準備をしようと目論んでしまい、次から次へと準備することが増えて、時間だけがどんどん過ぎ去りがちです。

コミュニケーションに活用できるOODA《ウーダ》ループ

Observe（観察）、Orient（状況判断）、Decide（意思決定）、Act（行動）をサイクルしていくフレームワーク

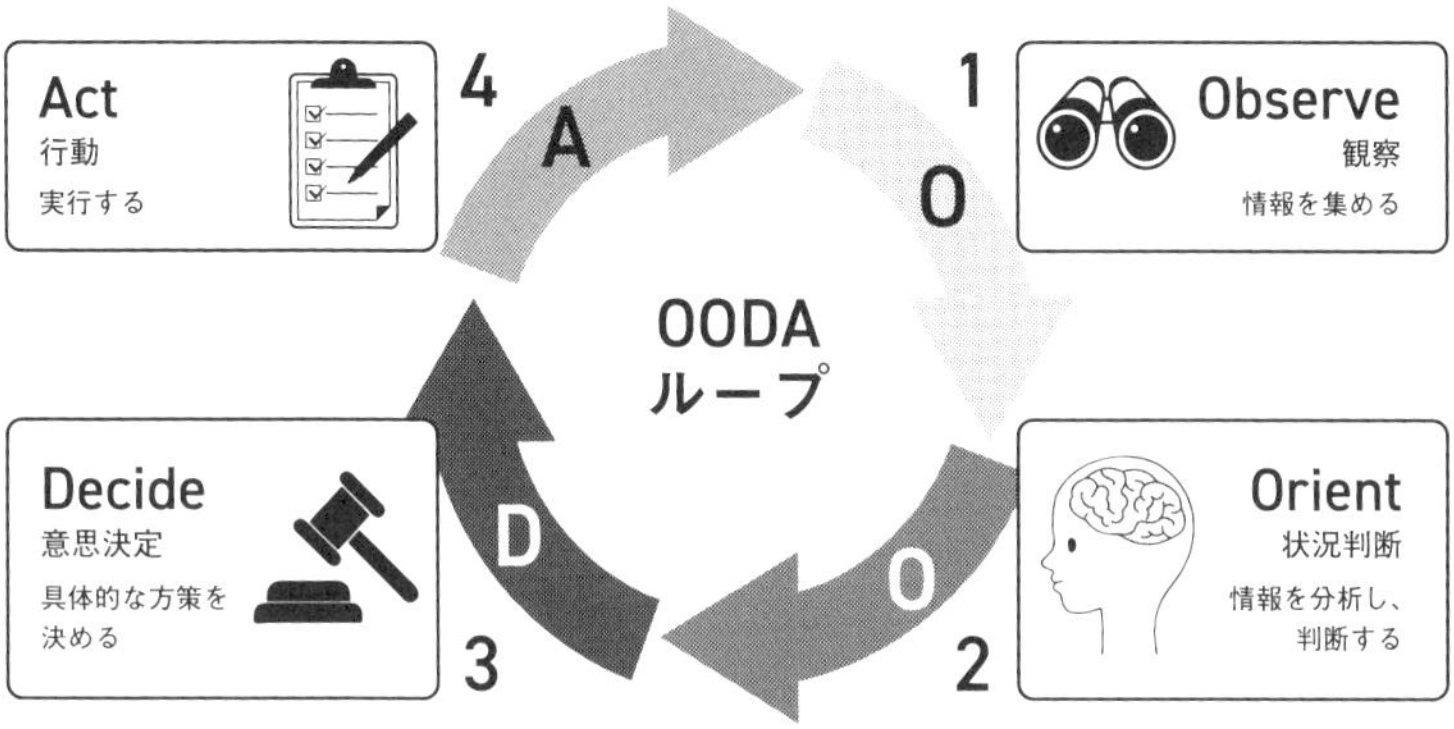

また、じっくりと計画を立ててから失敗すると、その分ダメージも大きくなります。

そこで、まずは観察によって客観的な情報を集め、そのあとは素早く判断・決断・行動し、**小さな失敗を繰り返しながら改善するサイクルを回していくほうがスピーディーに前進できる**というわけです。

では実際に、「ビジネス会話」を通して実践していくために、みなさんがマネージャーやチームリーダーだと仮定して、OODAループをメンバーに促していくための声かけの例を見ていきましょう。

Observe：観察

「いま、なにが見えている？」

まず、観察からはじめるため、**「いま、なにが見えている？」**という問いかけから入るのは、とても有効なアプローチです。

この言葉は、誰かに電話で道案内をするときのことをイメージするとわかりやすいはずです。「いまどこにいるの？」「いまどんな状況なの？」と尋ねても、それがわからないから迷っているわけで、そんなときは「いま、あなたにはなにが見えているの？」と聞くと、相手はなんらかの返答をしやすくなります。

これが、**相手を正しく導くために、必要となる「情報」を得る問いかけ**になるのです。なにかが起こるたびに、この言葉をチームメンバーにかけていくことが、リーダーにとってはとても重要になります。

なぜなら、相手に見えている視界に興味を持ち、いま相手が置かれている情報を正確に集めることが、コミュニケーションのミスを減らしてくれるからです。

ドイツの哲学者であるニーチェは、**「この世に事実は存在しない。存在するのは解釈だけである」**という趣旨のことを述べています。

一般的に、ビジネスコミュニケーションでは、「ファクトベースで話をしよう」とよく言われます。そのため、あるものごとについて話すとき、データやエビデンスを集めて、それが「事実」であることを前提にして話そうとするビジネスパーソンが結構います。

ですが、ニーチェの言葉を借りるなら、存在するのはあくまで「解釈」なのです。**どれだけ客観的な事実を相手に伝えても、コミュニケーションミスがなくならない**理由がここにあります。

同じ事実が共有されたとしても、人それぞれ事実に対する捉え方が違うことは、かなりの確度で起こり得ます。

だからこそ、「いま、あなたの目にはなにが見えている？」と問うことで、リーダーは、メンバーそれぞれがものごとをどう捉えているか、それぞれの**「解釈」を知る必要がある**わけです。

ちなみに、チームメンバーのなかには、誰かに示されたデータやエビデンスを、なんの疑問も持たず、解釈することもなく、つねに事実として受け取るような人もいるかもしれません。肯定的に言えば素直なのかもしれませんが、思考停止状態に陥っている可能性も否定できません。

確かに、信憑性の高い数字やデータを参照するのは重要なことです。

しかし、チームメンバーがそれらをなんの疑問もなく受け入れているように感じるときこそ、リーダーは、チームのマネジメントにより注意を払う必要があることを付け加えておきます。

Orient：状況判断　「どんな選択肢があるだろう？」

視野を広くして観察をした次は、チームメンバーに**「状況判断」**を促していきましょう。「いま、あなたにはなにが見えている？」という問いかけによって、状況判断の材料を増やしていき、人それぞれの「解釈」の違いにも注意しながら、適切に選択肢を検討していく段階です。

ここでは、**「どのような選択肢があるだろう？」**という問いかけを使ってみるといいでしょう。

すると、この問いかけに答える相手は、例えば、「Aの選択をすれば、リスクは高いけれどより大きな売り上げが期待できます。Bの選択をすれば、売り上げは横ばいか低くなるかもしれないけれど、リスクを取らなくていいですね」という具合に、状況判断のために情報を絞り込みやすくなります。

難しく言えば、情報の分析という表現になりますが、要は、**観察で得られた多くの情報の「方向付け」をするイメージ**を持つということです。

Decide：意思決定　「まずはやってみよう！」

適切に状況判断ができれば、次は**「意思決定」**の段階に進みます。

ここで僕が大事にしているのが、**「まずはやってみよう！」**という問いかけの言葉です。

当然ですが、**なにごとも行動しなければ、結果はなにも生じません。観察や状況判

断をするだけでは、まるで変化を生み出せないのです。

しかし残念ながら、この意思決定をせずに立ち止まっている場合が、ビジネスの現場でもかなり多く見受けられます。

極端に言うと、成功しようが失敗しようが、どちらかの結果を得るためにも行動することは重要です。仮に失敗したとしても、そこで失敗した者だけにしかわからない重要な体験をし、貴重な情報を得ることができるからです。

それらを踏まえて、すぐに行動を修正していけばいいという考え方です。


そのため、スピーディーな行動に移すための、意思決定が重要になります。前項の例で言うと、「ハイリスクかもしれないけれど、ハイリターンを狙って今回はAの選択肢で進めてみよう」と考え、その行動に踏み出す意思決定をするということです。

ただし、このとき注意点がひとつあります。

「まずはやってみよう！」という問いかけは重要ですが、あくまでビジネスですから、そう何度も失敗する余裕はないはずです。最初から〝こける〟ことを前提にするわけにもいかないでしょう。

そこで、**「1週間様子を見て、KPIに至らなければ一度見直そう」**といった問いかけをセットで伝えることが重要なプロセスになります。

リスクを取ると決めたのなら、まずはどんどんチャレンジを促す問いかけをする。

でも、**状況が芳《かんば》しくないときは、すぐに次の状況判断をし、新たな意思決定ができるような態勢でいることが大切**なのです。

そのためにKPIを設定し、それをチームの決め事として、あらかじめ「合意」(57ページ参照)しておく必要があります。

先に、同じことを伝えても、人によって「解釈」は異なると書きました。だからこそ、曖昧な言葉やリーダーの主観だけで判断基準を設けるのではなく、**メンバーによって解釈のブレがない数字などを活用したKPIを、チーム全体で共有しておく**ことが大切なのです。

このとき、KPIの合意を求めるのに、いちいち誰かにお伺いを立てることがないフラットな組織であることもポイントになります。企業やチーム自体の競争力を上げるためにも、経営層やマネジメント層、リーダー職にある人が、くれぐれも**合意のボ**

トルネックになってはいけないということです。

Act：行動　とっとと決めて実行する

判断の基準や、その根拠となるＫＰＩを合意しているからこそ、やみくもに動くのではなく、状況に合わせた適切な意思決定を踏まえて、より効果的に**「行動」**しやすくなります。

シリコンバレーのスタートアップ界隈でよく言われる、「Fail Fast（フェイルファスト）」という考え方があります。

これは文字通り、「早めに失敗しなさい」という意味であり、**行動することで小さな失敗を繰り返しながら、改善のプロセス（OODAループ）を素早く回して前進していく**ことを意味します。

準備や計画ができてからものごとをはじめようとすると、時間がかかってしまい、失敗するとダメージも大きくなります。そこで、効果的に「行動」していくためにも、ＫＰＩという根拠が必要になるのです。

重要なのは、**行動のプロセスに、必ずチェックのアクションを含む**こと。さもなければ、「まずはやってみよう！」とメンバーを促して、せっかく素早くスタートできたとしても、ただの「やりっぱなし」になりかねません。

イメージとしては、行動しながら、例えば1週間が経ったときに、「KPIを踏まえてうまくいっている？　うまくいっていない？」とチェックを入れていきます。もしKPIを達成していれば、観察のプロセスは継続させながら、そのまま行動し続けてください。いわゆる、経過観察のプロセスになります。

一方、もしうまくいっていないようなら、すぐに「いま、あなたにはなにが見えている？（観察）」「他にどのような選択肢があるだろう？（状況判断）」という問いかけに戻りましょう。

そうして一定の期間が経てばまたKPIをチェックし、再度状況を判断して、意思決定をし、OODAループを回していく必要があります。

OODAループを回していくと、仕事が素早く進むことは言うに及ばず、成功・失

敗体験などによる情報や知見、アイデアがどんどん集まってきて、結果的にイノベーションを起こしやすいチームへと成長していけるようになります。もちろん、個人の仕事レベルもかなり上がっていきます。

繰り返しますが、注意点は、観察や状況判断のプロセス自体に時間をかけないことでしょう。

事前準備は大切ですが、そこに時間を費やし過ぎると、結局、行動する時間も短くなり、チャンスはどんどん失われていきます。

既存のPDCAがうまくいかない主な原因は、Plan や Check に時間と労力をかけ過ぎて、いつまで経っても Do や Action に至らない点にあります。

だからこそ、まず観察によって、個人の解釈の違いを確認・調整しながらも、**「とっと決めて実行に移す」ことが、うまくいくビジネスの基本姿勢**となるのです。

POINT

つねに「観察」しながらコミュニケーションを図る

「ビジネス会話」の最終目的地

ここまで、意思決定と行動に関する理論であるOODAループを参照しながら、今日からでも使える実践的な「ビジネス会話」の実例を紹介しました。

PART1の最後に改めてお伝えしたいのは、コミュニケーションにおいて相手をしっかり観察し、人との解釈のずれに敏感であり、それらを踏まえて素早く判断・行動できる人ならば、**多少「話し方」が不器用でも、基本的にいいビジネスコミュニケーションができる**という事実です。

結局のところ、「うまく話そう」「わかりやすく話そう」と思ってそこに力を入れていても、**肝心のビジネス自体がうまく回らなければ、問題解決を目指すための「ビジネス会話」が成立していない**という本末転倒な状況に陥ってしまいます。

周囲から「話がうまい」という評価を得られることは自信にはなるかもしれませんが、正直なところ、そこを目指す必要はまったくありません。

世の中には僕を含め、プロのスピーカーや「話すこと」を生業にする人が存在し、いわゆる「上手な話し方」「わかりやすい話し方」を啓蒙されている人もたくさんいます。しかし、話すプロではない一般のビジネスパーソンのゴールはそこにはありません。**話すための技術、いわゆる「話し方」が重要ではないという意味ではなく、「ビジネス会話」の最終目的地ではないということ**です。

大事なのは、**ビジネスをうまく回すために、現場において、自らの観察の結果を反映し、正しく状況判断を行い、素早く行動できることであり、その結果に自分とチームが満足できること**です。そのために「ビジネス会話」は存在するのであり、周囲の「話し方がうまい」「話し方が不器用だ」といった評価は、本来あまり気にする必要はないのです。

もちろん、表面的なコミュニケーションがスムーズであれば、周囲から見てうまく話しているように見えるかもしれず、それを評価する人も現れるでしょう。でもそれは、こと「ビジネス会話」においては、少し無責任な評価とも言えそうです。

確かに、会話というのは人とのコミュニケーションであり、そこには前提となる**「基本動作」**が存在します。ビジネスの現場で使う会話には、いわゆる「やってはいけない」ことや、シーンごとに「こう話せばうまくいく可能性が高い」パターンもあります。

ただ、ものごとに「正しさ」ばかりを求める必要はないし、即効性のあるメソッドに流れ過ぎると、かえって不自然な癖が付いてしまうこともあり得ます。

そこで、次のPART2においても、あくまで**「どんな考え方をすれば、そのシーンでのビジネスがうまく回るのか」を軸にして、実践的な会話術**を紹介するつもりです。「合意」「定着」「観察」のキーワードも出てきますので、必要に応じてこのPART1を参照してください。

自らが観察し、その結果を反映させて意思決定し、行動することができれば、「ビジネス会話」はどんどん楽しく、充実したものになります。ビジネスで起こる問題を解決し、社会へ貢献するという「目的」を果たしているからこそ楽しいのであり、そこに「うまい」「下手」といった他人軸の評価は必要ありません。

自分だけでなく、人をハッピーな状態にさせられるとき、あなたはすでに「ビジネス会話」という、人間同士のコミュニケーションを楽しめているのだと思うのです。

PART 2

実践編

成果に直結する「ビジネス会話」10のコツ

1

会話力の基本

「言葉を届ける」ためにに必要なこと

「話が伝わらない」と悩む人が見落としがちなのが、「聞き手の側にも事情がある」ということ。「自分が話したいから話す」を乗り越え、相手が受け取りやすいボールをどう投げるのか。どんなシーンにも共通する、ビジネス会話実践の基本思考からはじめていきましょう。

最初から相手に話が伝わるとは思わない

PART1の後半で、ビジネス会話における「言ったことが伝わらない」問題を掘り下げました。

PART2で具体的なシーン別の「実践」を考えていくにあたって、この点について改めてお伝えしたいのは、そもそも**「最初から相手に話が伝わるとは思わない」というマインドセット**の大切さです。相手に伝わらないことを前提にしたうえで、それをいかにして伝わるようにするかという発想が、会話には必要なのです。

たとえ気心が知れた相手でも、日によって体調が異なれば、気分も違います。もしかしたら、あなたと会話する前に、ちょっとしたトラブルに巻き込まれてイライラしているかもしれません。

そんなとき、自分では簡単に伝わる話だと思っていても、お互いのあいだに意識のギャップがあるために、相手に話が伝わらないことはよく起こります。相手が話を受け止める余裕がない状態では、なにをどう話してもうまく伝わらないのは当然のことなのです。

そこで、会話をはじめるときは、まず相手に、いま話す余裕があるかどうかを確認することが必要です。**話す前に、「いま大丈夫かな？」「いまこの話をしていい？」と、トピックとともに相手のコンディションを必ず確認する**ようにしましょう。

誰かに話しかけるのは、あくまで自分の都合に過ぎません。極端に言うなら、**「相手はあなたの話を聞くために生まれてきたわけではない」**ということ。いつだって相手には相手の都合があるという、あたりまえの事実を認識してほしいのです。

でも、いざ会話となるとそれを忘れがちで、「とにかく話さなければ」と気持ちが前のめりになる場合がよくあります。しかし、聞き手にはその話を聞かなければいけない理由なんてないのです。

このひとつめのボタンを掛け違えてしまうと、簡単な話でも相手に伝わりません。僕は、これはコミュニケーションの大前提だと考えています。

会話における〝一番の悲劇〟

最初の掛け違いをクリアしたところで、次に「伝え方」を考えましょう。

まず、お互いにしてほしいのは、**「なんのために話をしているのか」を合意すること**です。これはまさに、PART1でも述べた通りです。

相手になにか判断をしてほしいから話しているのか、ただ感想を聞きたいから話しているのか——。そんな話の目的を最初に把握しておきましょう。

さもなければ、相手は「いまなんのために話しているんだっけ？」「それ僕に聞いてどうするの？」という反応になってしまいます。これはお互いに時間の無駄にしかならず、僕はこの状態を、会話における〝一番の悲劇〟と見ています。

でも、これは実によくある話ではありませんか？

例えば会議の場面。いったいなにをするために集まっているのかがよくわからず、アジェンダ（議題）もろくに共有されていない状態で、とりとめもなくはじまってしまう……。要するに、「会議をすること」が目的になってしまっている状態です。

ビジネスパーソンにとって「生産性」は永遠のテーマですが、そもそも**生産性が低くなる根本原因のひとつは、「なんのために話をしているのか」「なんのために集まっているのか」が曖昧なシチュエーションがあまりに多いから**ではないかと僕は捉えています。

もっと言うと、「なんのために仕事をしているのかわからない」状態で仕事をしている人が、じつはとても多いとも言えるのでしょう。

「話し手の論理」で完結してはいけない

いま話しているのは、相談なのか、判断を求めているのか、雑談なのかが自分でもよくわからない。その根本の目的を把握していない状態で、ただ惰性で会話をしていると、「なんのために話しているのだっけ？」となってしまいます。

このような状態では、いくら「話し方」を磨いても伝わるわけがありません。

世の中には、実にさまざまな話し方のメソッドが存在します。例えば、「話す順番は結論から」はよく言われることだと思います。

でも、**「この話し方なら絶対うまくいく！」というメソッドはない**と考えたほうがいいでしょう。なぜなら、その多くは**話し手側の論理で完結していて、聞き手側の事情をあまり想定していない**場合が多いからです。これがいわゆる、「話し方」のメソッドにおける見落としがちなポイントです。

それこそ、同じ業界で働く同じ環境や背景を共有しているビジネスパーソン同士と、そうでない人とでは、伝える内容は同じでも、その伝え方はかなり変わるはずです。あたりまえですが、会話の前提となる知識や条件がまったく違うからです。

あくまで個別具体的に、目の前の相手と「話をする目的」を明確にすることからはじめてみてください。

ワンセンテンスを短くして「定着」を重ねる

先にも述べましたが、会話とは「相手に伝わらない確率のほうが高い」という認識でいるくらいがちょうどいいと思います。そのため、話すときは相手の状況や理解度をその都度確認しながら、丁寧に話すことが欠かせません。

具体的には、**「ここまではいいですか？」「なにかわからなかったことはありますか？」と、会話のなかで随時確認する。**あるいは、**「このことはご存じですか？」と、質問から話をはじめるのもいい手**です。

そう、「定着」ですね。

その意味では、話す内容をすべて自分でコントロールする必要もありません。相手が前提となる知識をどの程度持っていて、またそのテーマをどの程度理解しているのかを、その都度探っていけばいいということです。

そうして相手をよく観察し、**相手に気持ちよく話してもらうには、やはりワンセン**

テンスは短くしたほうがいいでしょう。

よく自分の考えや感想を一方的に長々と話す人がいますが、そんな人に限って途中で急に背景説明を挟んだり、一般的な意見を交ぜ込んだりして、文脈がコロコロ変わりがちです。相手の様子が目に入らないその姿は、まるで独演会。

必然としてワンセンテンスも長くなり、言葉のキャッチボールができません。そのため、聞き手が話を理解できなくなる可能性が確実に高まってしまうでしょう。

話すスピードが速くても「伝わる」ワケ

「ゆっくり話すと伝わりやすい」ともよく言われます。

でも僕自身、話すスピードは比較的速いほうです。それでもなぜ伝わるのかと言うと、じつは話す内容によってスピードのメリハリをつけ、聞き取りやすさを重視しているからです。

具体的には、**「ここだけは覚えておいてほしいな」という部分は、あえてスピードを落としたり、繰り返したりして、聞き手にメッセージを染み込ませるように話す**ことを心がけています。

リズムを変えて、特定のメッセージを浮かび上がらせると、聞き手により強く印象付けることができます。そんなひと工夫を意識してみてもいいかもしれません。


ただし、これも対面なのかオンラインなのか、あるいは電話なのか、会話の状況によって異なります。特に音声だけの場合は、音声以外に会話を補完するものがないため、僕は全体的にゆっくりめで話すように意識しています。

一方、オンラインなら画面は小さくても表情は見えるし、資料を見せるなどして会話を補完することもできます。

また、同じ空間を共有する対面であれば、身振り手振りやちょっとした仕草などでより強く補完できますから、話すスピードは多少速くても大丈夫でしょう。

話すスピードなどの要素も、状況や相手によって随時変わることを押さえておきましょう。

ひとつの話にひとつのアクション

自分が聞き手になるとわかりますが、話を聞いたときはわかったつもりでいても、その内容をすぐ忘れてしまうことはよくあります。なぜすぐに忘れてしまう話と、いつまでも心に残る話の差が生じるのでしょうか？

これについて僕は、**「聞き手がなんらかのアクションを継続できるような話」は心に残りやすい**と見ています。

つまり、聞き手にとって、**自分が「なにをすればいいのか」が明確な話**であることが大切なのです。

たとえ話の内容は正しくても、ひとつの話のなかに検討する要素が多過ぎると、聞き手は困惑してしまいます。

特に、具体的なアクションが求められる「ビジネス会話」では、判断や決断が必要なことや、承認や確認してほしいことなどがいくつも含まれていると、聞き手は「結局、わたしはなにをすればいいんだっけ？」と、次のアクションがわからなくなってしまうのです。

そこで僕は、相手にアクションしてもらうことが必要な会話では、**ひとつの話につき、ひとつのアクション**を意識しています。そうすることで、相手はその話を聞いてなにをすればいいのかを把握しやすくなります。

アクションがシンプルかつ明確であれば、相手のなかでの話の残り方も変わります。

もし、ひとつの話で複数のアクションを伝えたいのであれば、簡単なメモでもいいので、文章などで補完することを考えたほうが賢明です。

「Why？」ではなく「What？」で聞こう

聞き手に明確なアクションを促すには、まず相手がいま置かれている状況を的確につかむ必要があります。

これに関して、僕はいつも**「『Why？』ではなく、『What？』で聞こう」**とお伝えしています。つまり、相手の話を受けたとき、「なんで？」「どうして？」と問い

「Why?」ではなく「What?」で聞く

「Why?」と問われた側は、「Because(=なぜなら)」で答えることになる。問い詰められ、言い訳をしているような心理になってしまう

「What?」なら、起きている問題が自分たちの外側に置かれるため、課題解決に向けた話になりやすい

詰めてはいけないということです。

「なぜ言わなかったのか?」「どうしてもっと早くしなかったのか?」というふうに聞くと、責任追及の矢が相手だけに向いてしまいます。そして、それに答えようとする相手は「Because(なぜなら)」だらけになり、言い訳ばかりしているような心理になってしまう。

つまり、**「Why?」は自分都合の、相手を問い詰める話し方**なのです。

この「Why?」を「What?」に変えてみるとどうでしょうか? **「なにがあった?」と聞くことができれば、会話はまったく変わります。**

なぜなら、問題や課題などの会話の対象が自分たちの〝外側〟に置かれることで、みんなでその問題のほうを向くことができ、議論をより建設的にすることができるからです。

「責任ドリブン」では成功できない

「いまなにを考えるのか」にフォーカスする「イシュードリブン」という考え方がありますが、「Ｗｈａｔ？」で問いかけることも根本は同じです。**原因追及ではなく、課題解決**の話へ導きやすくなり、複数の人を交えて話がしやすくなります。

専門家などの第三者を呼んで助けを得ることもしやすくなるので、失敗を活かしやすいシステムをつくることができるわけです。

逆に、「Ｗｈｙ？」は、言わば「責任ドリブン」な考え方です。責任の所在ばかりを問い詰める状態になりやすいと言えるでしょう。

そこで一度、自分が「なんで？」と言ったり、言いたくなったりしたタイミングを数えてみてください。特に、小さな子どもがいる家庭では、あまりに多くの「Ｗｈ y？」を言っていることに気づいて、驚かれるかもしれません。

他人に向かって「Why？」と問い詰めることは、職場でも学校でも横行していま す。とりわけ日本社会では失敗に対する寛容度が低く、仕事でもミスが発覚すると、ずっとそのレッテルを貼られ続けるという側面があります。

もちろん、日本社会にもいい面はたくさんありますが、失敗を許容できる社会のほうがより生きやすく、大きな成功も生まれやすいのではないでしょうか。

あのビル・ゲイツやスティーブ・ジョブズ、イーロン・マスクも、これまで巨額の損失を出すような判断ミスを幾度も経験しています。でも、アメリカという国が、失敗を比較的許容できる社会だからこそ、最終的に大きく成功できた面があると言えるでしょう。


ちなみに、「Why？」によって疑問を持つ思考が大事だと考える人もいると思います。実際にトヨタ自動車では、「トヨタ式なぜなぜ5回」という問題の原因分析の方法が推奨されています。

ただし、この場合の「Why？」は、あくまでイシューに対して向けられるものです。**ある課題や問題に対して、「なぜ起きたのだろう？」と問いかけるのは、問題解決においても、自身のメタ認知を深めていくうえでも重要な思考**です。

しかし、いったん「Ｗｈｙ？」が他人に向いてしまうと、コミュニケーションに問題が生じてしまうというわけです。

聞き手が「自分ごと」にできる話が心に残る

ここまで、聞き手にとって、次に移すアクションが明確な話は心に残りやすいとお伝えしてきました。

そのほか、相手の心に残るという意味では、具体的なエピソードに富んだ話も有効です。でも、知ってほしいのは、極端な体験談がいつもプラスに働くとは限らないということです。

もちろん、極端な体験談は聞き手の注意を引きつける効果はありますが、もっとも大切なのは、**エピソードを、聞き手に「自分ごと」化してもらう**ことです。

話し手の体験を共有したときに、聞き手が**その体験を自分でも再現できること。あ**

るいは、再現できなくても頭のなかで仮想体験をしたり、「自分もやってみよう!」とイメージできたりすること。

そのような、聞き手のなかで「生きたエピソード」になることが大切なのです。

僕が体験した話です。

かつてアメリカで、当時63歳の女性に日本語で話しかけられたことがあります。日本人だと思って応じると、じつは彼女は韓国人でした。夫を亡くしたのち、「ひとりの力で生きていこう」と考え、日本人向けの小学校で勉強をはじめてたったの3年で日本語を流暢に話せるまでになったそうです。それを知ったとき、僕も「絶対に年齢を言い訳にしない人になろう」と思いました。「人は何歳からでもチャレンジできる」。そんな気持ちになれたのです――。

僕はこのエピソードを、「こんな生き方って素敵だと思いませんか?」と広く共有するようにしています。

「できる、できない」の話ではありません。ただ、僕は彼女の生き方が素敵だと思うし、「そんなカッコよさを一緒に目指しませんか？」と問いかけているわけです。そして、聞き手がそれぞれ「自分ごと」として再現できるストーリーに変わればいいなと思っているのです。

「話して」ではなく「書いて」伝えることになりましたが、もしこのエピソードを読んで「素敵な生き方だな、真似したいな」と感じてもらえたなら、それが、聞き手（読み手）のなかで生きたエピソードになるということなのです。

「べき」という言葉に要注意！

このように、他者に共有するエピソードは、自分が感じた素直な気持ちをベースにしながらも、それが普遍的にポジティブだと思われるものを使うといいでしょう。

逆に、「意見」や「考え方」「価値観」などの、捉え方がそもそも多様なものは、対立軸を生みやすく、他者に共有するエピソードとしては向いていません。

ひとつのコツとして、**エピソードを共有するときは「べき」という表現を使わない**

ように心がけてみてください。

「〜するべきです」「こうあるべきだ」といった言葉には、異論を認めない、排他的な姿勢がひそんでいます。意見の異なる人たちを、まるで大きな過ちを犯しているかのように、まるで自分の敵であるかのように表現してしまっているのです。

この言葉を使った瞬間、人と人のあいだに対立軸が生まれてしまいます。「自分ごと」にしてもらいたくて話しているはずなのに、まったくの逆効果になってしまうので、気をつけましょう。

まとめ

- 「相手には相手の事情がある」というあたりまえの事実を認識する
- ワンセンテンスを短くしたり、スピードにメリハリをつけたりして、「定着」を促す
- 「Why?」で責任を問うのではなく、「What?」で問題にフォーカスする
- 聞き手に「自分ごと」にしてもらう。そのためにも「べき」という表現はしない

2
聞く力と訊く力

信頼関係は「同意」ではなく「合意」の積み重ね

ビジネス会話を有意義なものにするには、自分だけでなく、相手にも気持ちよく話してもらえる状態をつくらなければなりません。そこで必要なのが、相手の話をきちんと「聞く」ことと、相手に興味を持って「訊く」ことです。初対面時にも役立つ思考法をお伝えします。

「あなたを幸せにするためにやってまいりました」

相手の話をしっかりと「聞く」ためにはまず**「わたしはあなたの話をしっかり聞きますよ」という態度を相手に伝える**ことが必要です。

なぜなら、話すことを受け止めてくれるという**〝心理的な契約（約束）〟**がなければ、相手はあなたに対して心理的なガードを下げてくれない場合が多いからです。

そのためには、まずあなたから「自己開示」をする必要があります。いったいどのようにすればいいのか？　僕がかつて日本マイクロソフト社でＩＴコンサルタントをしていたときに、よく使っていた台詞を紹介しましょう。

僕は顧客と名刺交換をする際に、必ず**「わたしはあなたを幸せにするためにやってまいりました」**と伝えていました。**「あなたがハッピーになるために来たのだから、どうぞなんでも相談してください」**と、オープンマインドで接するようにしていたのです。こんな台詞をアイスブレイクも兼ねて伝えていました。

シンプルな「自己開示」で話しやすくなる

オープンマインドで接すると、相手は「そこまで言うのなら、相談してみるかな」という気持ちになる

すると相手は、たいてい「ずいぶん大きく出ましたね！」などと言って笑います。でも、その時点で少しだけ、「そこまで言うのなら、なにか相談してみるかな」という気になっているものなのです。

言わば、相手の背中をこちらから少し押してあげるイメージでしょうか。

名刺を見れば、自社のＩＴシステムを改善する提案のために来たことはあきらかです。だから、それについてはひと言目で語らず、ただ「わたしはあなたの力になりますよ！」と、自信を持って言い切ってあげればいい。このような**シンプルな「自己開示」をするだけで、相手はぐっとあなたと**

話しやすくなります。

「この人なら相談できる！」と初対面で思わせる

僕のやり方は、顧客とビジネスの関係性を築くときの正式な話し方ではないかもしれません。でも、「初対面ではこうすべき」という話し方のルールや常識にとらわれていては、いつまで経っても相手と深い信頼関係を構築することはできません。

なにより大切なのは、**第一印象で「この人なら相談できそうだ」「この人は話をわかってくれるかも」と、相手に感じてもらうこと**ではないでしょうか。

たいていの場合、相手の職業を見れば、期待値はある程度は固まっているものです。ラーメン店でピザを頼む人はいないのと同じで、少なくとも名刺交換をした時点で、相談するテーマや内容はある程度決まっているでしょう。

つまり、すでにそこまでの関係性が自動的にできているにもかかわらず、「わたしはＩＴコンサルタントという仕事をしていまして……」「御社にはいまどのようなＩＴの課題が……」などと会話をはじめるのは、ちょっと間が抜けている感じがしませんか？

また、いざ仕事となると、鎧を身にまとい過ぎてしまうビジネスパーソンも多いと感じます。「変な印象を持たれてはならない」「弱みを見せてはつけ込まれる」などと、勝手に身構え過ぎてしまうわけです。

この鎧は、暗黙のルール、社会人の常識、業界のあたりまえ、と言い換えてもいいでしょう。そして、実に多くのビジネスパーソンが、そんな重い鎧をわざわざまとって、自ら悪戦苦闘しています。でもふつうに考えて、そんな**自分のことばかり考えている人に、「大切な相談をしたい」などと思うでしょうか？**

そうではなく、**相談しやすい人というのは、初対面で「この人なら！」と思わせてくれる人**なのです。そのためには、自分が貢献できることに対して自信を持ち、それを素直に「自己開示」していく。

そうして相手が話しやすくなる環境を、初対面のときからきちんと用意してあげることが大切なのです。

相手に興味が持てるポイントを積極的に探す

ここまで述べたことを前提にして、「聞く力」について考えます。

結論から言うと、**「聞く力」を高めるには、なにより相手や相手が話すことに対して興味を持つこと**に尽きます。

そう言うと、メンタル次第のように聞こえるかもしれませんが、これは脳内での具体的なアクションです。意思といってもいいでしょう。**相手に興味を持てるポイントを「積極的に探す」**というアクションのことです。

相手に興味を持てなければ、自分のアンテナは相手に向かわず、会話はいつまでも噛み合いません。自然体のままでいて、どんな相手にも興味を持てる人は稀です。

むしろ相手に興味を持てるポイントを、能動的に探していかなければ、自分のアンテナが立たず、会話自体もなかなか成立しないものだと知ってください。

具体的には、相手の話に寄り添いながら、その都度シンプルに「訊く」、つまり質問を重ねていく方法をおすすめします。ここでも、キーワードは「合意」です。

「このプロセスが問題ですか？」「こうなるとお互いにいいと思いませんか？」と、相手と「合意」できる事項を少しずつ積み上げていくイメージです。

ただうなずきながら話を聞くことが、相手への興味を示すわけではありません。それでは、相手に対して「同意」しているだけです。

そうではなく、**「合意」を積み重ねていくことが本質**なのです。

ちなみに、共通認識を持てる話の材料をあらかじめリサーチしておくと、安心して質問を重ねていけます。例えば、相手の会社のパーパスやビジョンを題材にして、質問をしていくのもいい手です。

それらの質問によって、パーパスやビジョンに対する相手の実感や、現状とのギャップが少しずつ見えてきます。そのギャップを掘り下げれば、見えない「課題」にも気づきやすくなります。そうして、より生産的な会話をすることができるはずです。

「答えやすい質問」から入ればいい

質問は、相手との接点がほとんどない状態から無理なく信頼関係を築くためにも重要です。

そういうときは、まずは相手が答えやすいようなハードルが低い質問から入りましょう。

例えば、名刺交換をきっかけに「今日はオフィスからいらっしゃいましたか？」と聞くことができます。「電車は混んでいましたか？」「混んでいる電車はいつ乗っても大変ですよね」などと、自然なかたちでラリーを続けていくことができるでしょう。

ちょっと珍しい姓だったら、「このお名前はどちらのご出身ですか？」と聞くのもよくある方法です。

いずれにせよ、ポイントは**相手がすぐに答えやすい質問をする**ことです。

相手が知らないことを前提にして質問する

事前に相手自身や、相手の会社についてリサーチしておくことも有効です。特に、相手がなにかの大会で優勝したことがあったり、メディアの記事になったりしていれば、その話題を質問すると、たいてい「よく知っていますね！」と喜んでくれて会話が弾みます。

特筆した話題がない場合でも、新聞などをリサーチし、相手の業界についての話題や関連する情報を持ちかけて、「こんな記事を見つけたのですがお読みになりましたか？」と聞くのも、相手に沿った質問になります。

ただし、注意点は、相手がそれを知らないことを前提にして問いかけることです。「こんな記事ありましたよね？」とダイレクトに言ってしまうと、相手に「いや知りませんね」と返されて、気まずくなることもあり得ます。そこは、聞き方次第。「お読みになりましたか？」と言って、読んでいたら盛り上がるし、知らなければ、「じゃあいま共有しますよ」と会話を進めていくことができます。

もうひとつ、**持ちかけるのはポジティブな情報に限る**ことです。業界や市場などのネガティブな話題は、お互いあまりいい気分にならず、相手にとって触れてはいけない話題である可能性も高いからです。自分がする質問で、自ら災いを招かないようにしましょう。

相手に興味がなくても会話は続けられる

自然なかたちで会話をはじめても、話がそのまつながっていく人と、途中からぎくしゃくする人の差はあります。その理由は、やはり「相手に興味を持てていない」からでしょう。それがいい悪いではなく、ただ興味がないので話がつながらない、という現象です。

そこで、もし話しているときに「なんだか話が面白くないな」「つながらないな」と感じたら、**自分は相手に興味を持てていないのだと、まずは正しく認識しましょう。**

そして、**無理に興味を持とうとするのではなく、質問する内容をすべて相手の周辺情**

相手に興味を持てないときは「周辺情報」の会話を続けていく

会話がつまらない、つながらない、と感じても、まずはいったんそれを正しく認識する。周辺情報で話をつなげていると、なにかが相手の琴線に触れて、熱を込めて話し出す瞬間があるかもしれない

報に変えていけばいいのです。

具体的には、主語を「御社は」「あなたの部署は」「あなたの顧客は」「御社の製品は」などにして、いったんは安全な周辺情報だけで会話をつなげていくわけです。

こうして会話をつなげていくメリットは、その過程でなにかが相手の琴線に触れて、熱を込めて話し出す瞬間が訪れるかもしれないということです。そうなれば、より相手に沿った質問ができるのでしめたもの。

熱を込めて話し出す瞬間が訪れなければ、それはそれで無難に会話を終えることができます。

相手に興味を持てないのなら、興味を持

ていないことを正しく認識し、当たり障りのないところから入っていく。世の中にはあなたに合わない人は必ずいるわけですから、**会話で打率10割なんて求める必要はありません。**

お互いが「なにを求めるのか」見通しを共有する

真面目な人に多いパターンですが、相手の話をうんうんと聞き過ぎてしまい、結局肝心な質問ができないこともあります。こうした場合は、会話の前に簡単な見通しを共有しておくことで、その場をうまくコントロールすることができます。

はじめに、「面談の最後の20分は質問タイムにさせてほしい」と伝えてもいいし、簡単なタイムスケジュールを最初に共有したり、アジェンダを明確にしてお互いの合意事項にしたりするのもいいでしょう。

そのひと手間だけで、場の雰囲気や相手のリズムで会話が流れていきそうな場面でも、「最初にお伝えしましたように」とひとことが挟みやすくなり、お互いの合意事項に無理なく戻ることができます。「ビジネス会話」は時間が限られていますから、

お互いが「なにを求めるのか」を最初にしっかりと握っておくことが大切なのです。

限られた時間内の会話で**お互いに「なにを求めるのか」にフォーカスすれば、未来に向けての質問につながりやすくなります**。

その意味で僕は、「質問力」が高い人というのは、会話する人同士が「これからどうなりたい？」「どんな未来にしたい？」「どうポジティブに変わりたい？」と考えられるような、前向きな気持ちになれる質問をする人だと見ています。

ともに未来をつくる材料集めのための質問が、いちばん質が高い質問だなと思うのです。

「意見が一致しないこと」に合意する

会話をしていると、相手と意見や考え方が合わないことも出てくると思います。そんなときに知っておいてほしいのが、**「Agree to disagree（意見が一致しないことに合意する）」**という姿勢です。

特に日本人には、意見が一致しないことに対するアレルギーが強い面があり、意見が一致しないとき、ついその場を取り繕ったり、ごまかしたりして、結果、相手との信頼関係を築けないことがよくあります。ですが、**意見が一致しないことと、仕事で結果を出すことは分けて考える**必要があります。

たとえ相手と意見が合わなくても、ビジネスにおいて顧客やユーザーを幸せにしたり、売り上げを伸ばしたりする必要性やゴールは変わりません。お互いに目指す方向が一致しているならば、意見が合わないことがそのままボトルネックにならないように努めるのが、ビジネスパーソンに求められる姿勢です。

もし話が合わないことで仕事が進まないのなら、別の人が話をすることで解決できる可能性があります。例えば、あるメンバーがどうしても相手と合わないのなら、担当者を代えるのは仕方ないことですし、それもまた戦略のひとつでしょう。

わかり合えないのは悪いことではなく、むしろ十分起こり得ることで、大事なのは、それ自体を深刻に捉える必要はないということです。ビジネスパーソンのみなさんに、ぜひ知っておいてほしいことのひとつです。

まとめ

・「自己開示」によって、「この人ならわかってくれる」と思ってもらう

・相手に興味を持てそうなポイントを積極的に探す。興味を持てなくても、周辺情報から会話をつなげていく

・意見が一致しないこともあっていい。必要なのは「同意」ではなく「合意」

3

〝決まる〟会議

「アクション」が生まれる会議のつくり方

「会議をしても、結局なにも決まらない」。そんな悩みをよく耳にします。生産性の高い会議をするために必要なのは、「みんなを納得させる話し方」ではありません。会議とはいわば、「場づくりが9割」。能動的な参加を促し、活発な会話が生まれるコツを解説します。

会議は「未来につながる話」を議論する場

仕事ではよく「報・連・相」が大事と言われます。これを会議や打ち合わせの場に限って考えると、その優先順位がはっきりしてきます。

僕は、会議とは**報告や連絡のためではなく、「相談」のために行う**ものだと考えています。

かつて僕が勤務した日本マイクロソフト社では、「ミッドイヤーレビュー」という会議がありました（2016年度から撤廃）。これは世界13地域の経営層が出席し、上半期の事業成果報告と下半期のビジネスプランを徹底的に話し合う、もっとも重要かつ過酷な会議とされていました。

この会議では、中間決算をはじめとする報告や連絡に関する情報はすべて、会議の24時間前までに全社共通のテンプレートで共有するのが決まりでした。そして、会議がはじまった瞬間から質疑応答の連続で、説明などのプロセスはほとんどなかったといいます。

「この資料の該当箇所は来期どうなるのか？」「今後どのようにプロセスを改善していくつもりなのか？」というように、〝未来の相談事〟だけが議論され、会議後はすぐアクションに移せる状態であることを目指して進められていました。

つまり、会議とは**「未来につながる話」**を相談する場だということ。

報告や連絡は、「過去の出来事（すでにある事実）」が対象なので、事前に認識・共有できるはずです。**過去に起きたことを、わざわざ会議の時間を設けて共有するのは、単なる時間とエネルギーの無駄**と言えるでしょう。

「会議の準備」というと人数分の資料を用意したり会議室を押さえたりすることをイメージする人も多いかもしれませんが、そうではなく、報告と連絡を事前に済ませておくことを指すのです。

この事前準備を徹底できればこそ、**会議のなかで、未来のアクションのための「相談」にほぼ100％を使う**ことができるのです。

「スキル」と「権限」を持つ人が参加しているか？

会議を未来につながる「相談」の場にするためには、どんなメンバーが参加するかというのも大事な論点です。

例を挙げて考えてみます。

営業会議にファイナンスの担当者が出席するとしましょう。議題として、あとひと押しすれば契約できそうな、でも事前にサービスのテスト期間を設けたいと望む顧客がいるとします。そんな状況は想定していなかったけれど、その条件を満たせれば複数年の大きな契約が取れそうな場合です。

このとき、ファイナンスの担当者が事前に報告・連絡事項を理解し、追加の投資とリターンを正確に見積もることができていれば、会議の席に着いた瞬間に、「どの程度の投資が可能なのか」、他部署の担当者とともに話を具体的に進めていけます。

まさに未来の相談事を話し合える状態。これは、その担当者が得意とする投資判断ができるスキルと権限を持っている状態で席に着いているから可能なのです。

これを踏まえると、会議に参加するメンバーの条件とは、

①自分の「スキル」にもとづく専門的な意見を提示できる

②決定できる「権限」がある

人だと言えるでしょう。特に、さまざまな部門の担当者が一堂に会するような場では、参加メンバーが①②の両方を満たしているかどうかで、会議の生産性が大きく変わります。

ちなみに、3つめのポイントとして、「自分の仕事（職務）に集中する」というも

会議は未来につながる話を「相談」する場

会議は報告や連絡の場ではなく、未来につながるアクションを起こすための場

↓

参加者それぞれが「自分の得意なこと」を持ち寄って、それぞれの立場から専門的な意見を提示する

↓

会議が進まないのであれば、なにをする場か共通認識を持てているか、スキルや権限のある人がきちんと参加しているか、一度見直す必要がある

のもあります。先の例で言えば、営業の担当者がファイナンスに関する〝私見〟を述べはじめてしまうと、議論は紛糾します。あくまでも自分のスキルに足場を置いて発言することが重要です。

会議が進まないと悩んでいる人は、その議題に関して、そもそもアクションするスキルや権限がない状態で参加している人がいないかどうか、見直してみるといいでしょう。

どんな会議にも「ビジョン」を決めて共有する

実際に会議を進めていくにあたって前提となるマインドセットが、話をする目的をシンプルにすることです。

ここでのシンプルとは、**会社や組織、チーム全体が「ハッピーになるようなアクションにつながる」話をする**という意味です。

小手先の話し方のテクニックに頼るのではなく、まずチームやその会議のビジョンを決めて、メンバーに共有する。このマインドを持てるかどうかのほうが、よほど大事だと僕は考えています。

ビジョンと言うとなにか壮大なイメージを持たれがちですが、**「こっちの方向へ行くよ！」とみんなで共有する「目印」**のようなものだと考えてください。あくまで、「ゴール」ではないのがポイントです。

1年間行う定例会議なら、「みんなの面白いアイデアを1年分出し合う」というビジョンを設定することもできるでしょう。ついルーティンになりがちな会議に対して、最初にシンプルなビジョンを決めてしまうわけです。

特にマネージャーやリーダー職の人は、一つひとつの会議にビジョンを決めておくことが欠かせません。

もっと言うと、すべてのビジネスプロセスにおいてビジョンを決め、それらをメンバー（参加者）に共有した状態で仕事に臨むことをぜひ意識してください。

すると、メンバーの姿勢がみるみる変わります。ある**ビジョンに向かって自分の目的を持ち、自分の得意分野を活かすために、能動的に会議に参加するようになる**からです。

会議とは、そうした「アクションを明確にするための決起集会」のような場でもあると捉えると、よりイメージが湧《わ》きやすいかもしれません。

主語を「I（自分）」にした発言を促す

みなさんのなかには、会議でファシリテーターを務める立場の人もいると思います。ファシリテーションにおける実践的なポイントを紹介しましょう。

僕がもっとも重視しているのは、**参加者に、主語を「I《アイ》（自分）」にして話してもらうこと**です。**「わたしはこう思います」「わたしはこれをやりたい」といった発言が出るようにファシリテートする**わけです。

それはつまり、会議のテーマや話す内容を、いかに「自分ごと」にしてもらうかということ。そのために、**「あなたはどう思う？」「あなたはなにをやりたい？」と問いかけていく姿勢も必要**になります。

逆に、あまり成果に結び付かない会議では、たいてい顧客のビジネス（製品・サービス）などが主語になっています。もちろん「顧客目線を持つ」のは大切ですが、それはあくまで**「顧客＝I《アイ》（自分）」として、顧客の課題を「自分ごと」にする**ことを意味します。顧客のビジネスを主語にするのと、決して同義ではないのです。

「ある製品の売り上げを伸ばすためになにが必要だろう？」と考えても、すぐに〝正解探し〟のマインドになってしまうのは、「自分ごと」化した実感がないため、出てくるアイデアがどこかぼんやりしたものになりがちだからです。

例として、近所に大手コーヒーチェーン店が出店し、お客が激減した喫茶店があるとしましょう。その喫茶店を復活させるにはどうすればいいか？　こんなビジネスの課題に取り組むときは、「もし喫茶店の経営を突然任されたら、あなたは最初になにをする？」「自分の喫茶店の目の前に大手チェーン店ができたら、あなたならどのようにして差別化を図る？」と問いかけることがポイントになります。

自分がエプロンを着けてカウンターの向こう側に立ち、「いらっしゃいませ」とお客さんに声をかけている姿をリアルにイメージする。その立場なら、僕はいったいなにをするだろう？

主語をすべてI（＝自分）にして考える

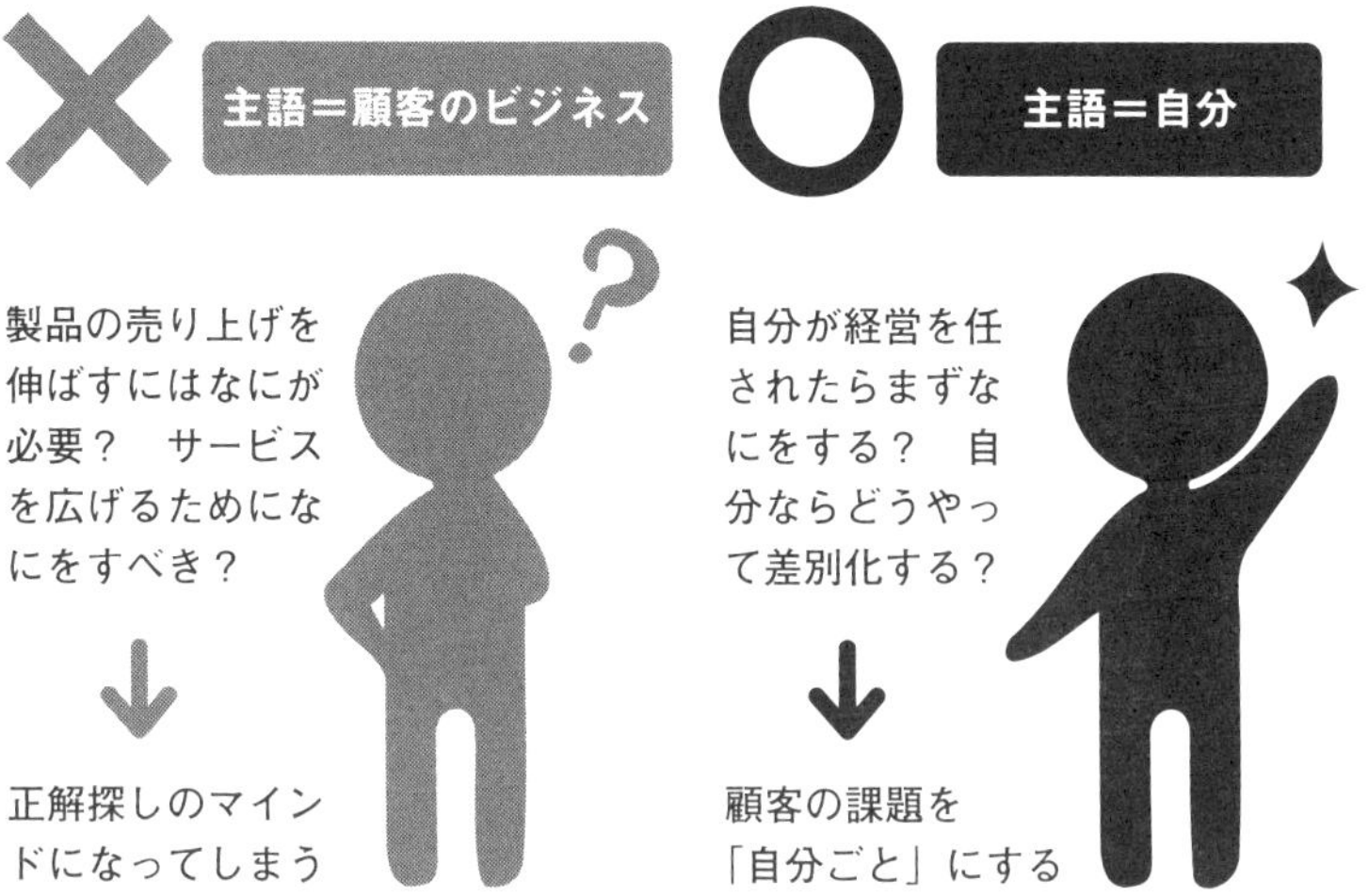
主語＝顧客のビジネス
製品の売り上げを伸ばすにはなにが必要？　サービスを広げるためになにをすべき？
正解探しのマインドになってしまう
主語＝自分
自分が経営を任されたらまずなにをする？　自分ならどうやって差別化する？
顧客の課題を「自分ごと」にする

そのように主語をIにしてはじめて、ものごとを「自分ごと」として考えるようになり、より成果に結び付くアイデアが生まれやすくなるのです。

会議では誰もが平等な発言権を持つ

会議とは、参加者全員が対等かつ目的意識と権限を持って関わるものであり、その状態をつくるのがマネージャーやリーダー、ファシリテーターの仕事です。

当然ですが、マネージャーやリーダーの独演会になってはいけません。

すべての会議において、ベテラン社員か

ら一般社員まで、全員に等しく発言権があると考えることが大前提です。参加者同士が対等にコミュニケーションしてはじめて、多様な意見が生まれ、それらが結合して新しいアイデアとして磨かれていくわけです。

会議に限らず、ふだんの仕事でも、主語を「I（自分）」にして会話することを習慣にするといいでしょう。「今日からあなたはなにをする？」「あなたはなにがあればもっとうまくいく？」などと問いかけをする癖をつけていくのです。

すると、「わたしはこれをします」「わたしはこの条件があれば頑張れます」というように、周囲の人からより能動的で、生産性がある言葉と意欲を引き出せるはずです。

「個」の意見が会議の成否を分ける

これからの時代は、**「他者の定義ではなく、自分の定義で行動する時代」**になると僕は考えています。これは次世代の分散型ネットワークの概念である「Ｗｅｂ３」の時代の到来とも連動した行動様式の変化と言えます。ブロックチェーン技術の発展にともない、今後は会社や組織はもとより、世の中の多くのものが中央集権型から、フラットにつながり合うコミュニティ型へと変わっていくでしょう。

そんな世界観のもとでは、**個人が自分の特性やスキルはもとより、「自分が好きなこと」や「自分がやりたいこと」をアクションに変えながら、組織に縛られず自由に活動できる**ようになります。

そう思うとちょっとワクワクしませんか？　それゆえ、Ｗｅｂ３の時代は「個の時代」の到来とも言われています。

そして、これはまさに主語を「Ｉ（自分）」にした状態で考え、働き、生きていくことと同義ではないでしょうか。コミュニティ化していく社会においては、そこに参加する一人ひとりが目的意識を持って能動的に関わり合い、各々が対等にコミュニケーションできることが重要になります。

そんな時代の変化が、僕は、会議の場でのビジネス会話というミニマムな領域にまで影響しはじめていると思うのです。

会議の結果を「活かす」ためのマインド

会議が首尾よく進み、〝未来の相談事〟を議論できた。それでも、うまくアクションにつなげられない場合があるかもしれません。

それはおそらく、アクションに移すことに対して、なんらかの「許可」を得なければならないと思い込んでいるからではないでしょうか。

僕がかつてマイクロソフト社で一緒に仕事をした外国人のマネージャーのなかには、チームメンバーを指して、「これを述べていいか、あれを送っていいか、これをレビューしてほしいなどと、なぜわたしにいちいちプロセスを確認するのかがわからない」と、純粋な疑問として口にする人が結構いました。

その発言の真意は、「ある案件を任せた時点ですでにその案件のリーダーなのだから、好きにアクションすればいい」ということです。

「わたしが望むのはアクションがわかる状態にしておくことと、その結果のみだ」と、彼ら彼女らはよく言っていました。

この考え方は全社でも徹底されていて、例えばある営業活動において、顧客の窓口となるアカウントマネージャーがいるならば、その顧客とのビジネスに関しては、そのアカウントマネージャーが〝最高責任者〟とみなされていました。自分が責任を有する仕事の範囲に限り、日本法人の社長も含めたすべてを、〝リソース〟として扱うことができるのです。

とは言っても、社長はかなり希少性が高いリソースですから、相当のことがない限りは切れないカードではあります。それでも、自分が担当する仕事の「ここぞ」という場面では、社長すらも社員が活用できる〝リソース〟として考えられていたのです。

「やってみよう！」という意思を持つ

もしかしたら、日本企業で働くビジネスパーソンのなかには、こうした責任範囲の考え方に違和感を覚える人もいるかもしれません。ですが、これは**「やってみよ**

う！」という意思さえ持てれば、およそ誰にでもできることだと僕は思います。

もっと言うと、もしいまチームを率いている人であれば、メンバーに大きな責任を与えて、自由にやらせる勇気を持つことも、リーダーとして大事な素養です。

やらせて失敗するかもしれないけれど、最終的には自分が謝ればいいと思える勇気——。失敗をすると取り返しがつかないと思いがちですが、取り返しがつかないことなんて、そうそうあるものではありません。多くの場合、ただ失敗を恐れ過ぎて、未来につながるアクションに移れないだけのことではないでしょうか？

このとき、転職や複業を選択肢として持っていると、うまくいったのに評価されない場合に、他の場所でのチャレンジを考えることもできます。

そもそも会社にとって前向きな挑戦をしたのに、もしそれが評価につながらないのなら、そこは自分がいてはいけない場所だと捉えることもできるはずです。

「言い出しっぺがやって」は大チャンス

会議を未来につなげましょう、とお伝えしていると、必ずと言っていいほど、「うちの会社は発言した人が損をするからしたくない」と及び腰になる人が現れます。まだ経験が少ない若手に多いのですが、中堅のビジネスパーソンでもそれなりに見かけます。

そんな人に僕は、「いいアイデアを実行できるかもしれないのだから、『言い出しっぺがやって』と言われたら、むしろ張り切ってやれるチャンスですよ」とお伝えしています。**言ってもやらせてもらえないほうが、毎日同じ仕事ばかりになって損**だと考えを変える必要があると思うのです。

仕事が増えて忙しくなることを心配しているのだと推察しますが、もしそれをやって自分と会社にとっていいことが起きるのなら、それこそいままでやっていた仕事のなかで成果が乏しい一部について会社に「相談」し、手放す交渉をする選択肢もあります。

ある仕事をやることで起きるいいことをチームに共有して「合意」し、他の仕事を手放してでも新しいアクションへとつなげていく。まだアクションに慣れないときは難しく感じるかもしれませんが、未来の可能性へとつなげていくには、そんなシンプルな思考が欠かせないのです。

まとめ

- 会議は「報・連・相」のうち「相＝相談」のために行う場。未来につながる話をする
- 「スキル」と「権限」があるメンバーをアサインし、シンプルな目的を設定する
- 会議では誰にも平等な発言権があり、発言は主語を「I（自分）」にする
- 「やってみよう！」という意思のもと、会議を次のアクションにつなげる

4

1on1の極意

姿勢は
フラットに、
視点はさまざまに

多くのビジネスパーソンの頭を悩ませる会話のシーンが、1on1のコミュニケーションでしょう。特に、世代や権限の差がある相手と話すときにやりにくさを感じる人は多いと思いますが、じつはビジネスを「うまく回す」絶好の機会。前提の考え方から具体的な接し方までを見ていきましょう。

「学級委員長」としてチームメンバーと接する

まず、**1on1の大前提として、「すべての人はフラットである」ことを意識してほしい**と思います。

これは1on1に限らず、コミュニケーション全般に言えることですが、自分よりも年下だとか、役職が下などと考えている時点で、1on1のコミュニケーションは失敗しています。

僕はよく、マネージャーやリーダー職の人に対して、「あなたは学級委員長なんですよ」とお伝えしています。

学級委員長は、生徒のひとりが「係」として行うだけであり、別にその生徒が偉いわけではありません。学級会の司会をしたり、意見を取りまとめたり、クラスを代表して担任と話し合ったりしますが、あくまで同じ生徒であり、他の生徒とはフラットな関係にあります。

同様に、**会社や組織で「長」という役職名が付いていても、一社員であることには**

変わりないということです。

ですが、ビジネスパーソンのなかには、年齢や役職を基準にしたヒエラルキーで人との関係性を考える人がとても多いようです。当人の性格や考え方にもよりますが、そこには構造的な問題も横たわっています。終身雇用と新卒一括採用という人事システムによって、人材が階層化するメカニズムが根強く機能しているわけです。

しかし、いまは人材の流動性が高まり、若い世代の人たちはこれまでのシステムにほとんど意味がないことを、すでに知っています。そもそも「管理職」なんて言葉があること自体が不可思議であって、ただ管理するだけならAＩのほうがよほど的確にこなせます。そんな時代に、役職に就いているからリスペクトされると考えるのは、単なる〝イタイ人〟です。

それよりも、**「学級委員長としてチームをうまくまとめる役割」**とみなしたほうが、自他ともに与えるストレスが少なく、なによりフェアな態度と言えます。

ぜひ、「すべての人にフラットに接する」ことを実践してください。それだけでも、チームの新しい可能性がどんどん広がっていくでしょう。

相手が誰であっても教えを請う

1on1のコミュニケーションをするときは、どんな人とでもフラットに接する。そんな姿勢を徹底すると、目の前の相手に対して「褒める」という、一見いいとされる言動にも違和感を抱くはずです。なぜなら、誰かのことを褒める時点で、上に立って相手を見ているとも捉えられるからです。

では、どう接すればいいのでしょうか？ 僕は、**誰に対しても「それ、教えて」という言葉を言えるかどうか**がポイントになると考えます。

例えば、最新のデジタル技術に詳しいメンバーがいたら、「凄いね！ その技術についてちょっと教えてくれない？」と自ら教えを請うのです。それだけで、相手とフラットな状態に近付くことができ、コミュニケーションがスムーズになっていきます。「いや、教えるほどじゃないですよ」と謙遜《けんそん》されたら、「本当に全然わかってないからさ」と返すことができるし、もし教えてくれたら、「なるほど凄いね！」「わかりやすい説明だね！」と返すこともできます。

相手をあえて「褒めよう」などと思わなくても、会話のなかで相手へのリスペクトを自然に表すことができるわけです。

教えてもらうことは、**相手がどんな人でも「自分が生徒になる」**ということを意味します。それが最終的には、「教えてくれてありがとう」というお礼につながっていくのです

この**「ありがとう」と感謝を伝えることが、1on1のコミュニケーションに欠かせない態度**なのです。

相手の「観察」からはじめる

PART1で、「OODA（ウーダ）」という、意思決定と行動に関する理論を紹介しました（68ページ）。もう一度振り返ると、「Observe（観察）」「Orient（状況判断）」「Decide（意思決定）」「Act（行動）」からなるフレームワークのことで、観察から入り、状況判断を経て、決断し、実行に移す考え方です。

そして、僕はこのOODAの考え方が、1on1のコミュニケーションにおいてもあてはまると見ています。

まず、**相手や周囲の状況の「観察」からはじめると、目に見える結果だけでなく、結果に至るプロセスに関する情報を集めることができます。**このとき大切なのは、誰かに報告させるのではなく、自らが積極的に観察する姿勢です。そうして意思を持って観察していると、例えば進行中のプロジェクトがおかしな方向へ進んでしまう前に、異変に気づける可能性も高まります。

観察の方法はいろいろありますが、「ビジネス会話」の観点で言うと、ちょっとした雑談をするのも有効です。

僕は日本マイクロソフト社でマネージャーをしていたとき、基本的に定例会議をやめ、その分積極的に雑談の機会をつくっていました。デイタイムに相手の都合を見ながら、「いつでも遊びに来て」と呼びかけ、時間が取れると、「最近どんなことしているの？」「ちょっとそれ教えて？」とよく雑談をしていました。雑談でどんなことを話すかについては、189ページから掘り下げましょう。

人に教えを請うことのもうひとつの利点は、**相手が教えるという行為を通じて、そのものごとを「言語化」する必要に迫られる**ことです。もしうまく言語化できないなら、それは本質を理解しきれていないとも言えるので、課題として共有できます。

また、言語化できたとしても、どこかに違和感があれば、「なぜそう言えるのだろう?」「方向性がずれていない?」と、次の「状況判断」の質を磨いていけるのです。

調子が悪いときは素直に「自己開示」しよう

さて、1on1で意外に大事なのが、**会話のやり取りにおけるムラをできる限り減らす**ことです。よくあるのが、機嫌がいいときはなにも言わないのに、機嫌が悪いとぐちぐち説教するパターンでしょう。たまたまその日機嫌が悪いからといって、人に対してあたるのは身勝手であり、マネジメント能力の欠如が露呈するだけです。

もちろん、人間に感情のムラがあるのは自然なこと。そこで、そんなときは**自分の状態を「自己開示」する**ことをすすめています。「今日はちょっとイライラしがちなんです」と、前もって伝えるわけです。

それが許されるかどうかは、また別の話。「仕方ないね」と相手が思ってくれないことも覚悟する必要はあります。それでも、機嫌がよくないことを自己開示しておけば、相手は自然なかたちで距離を取ってくれるかもしれません。

少なくとも自分の言動は、ある程度自分でコントロールできます。そんな姿勢も、他者に対するフラットなあり方につながるのではないでしょうか。

「短時間で意思決定できる材料」はあるか？

僕は若い人と話すときと、年上の人と話すときで口調が大きく変わることはありません。ただし、ビジネスでは、年上の人に対して〝ため口〟で接するようなことも当然ありません。むかしから心がけているのは、相手を**「カジュアルにリスペクトする」**姿勢です。

これは相手を極端に持ち上げることなく、カジュアルでいながらも、丁寧に接するということです。相手と話すときに、敬語や言葉の丁寧さにこだわり過ぎると、脳のリソースがそればかりに割かれてしまい、肝心の「なんのために話しているのか」を見失いがちになります。会話では、ほどほどのカジュアルさを心がけながら、なによりも「目的」に集中することが大切なのです。

具体的に、大きな権限を持つ相手との1on1のコミュニケーションとしては、**「相手が短時間で正しく意思決定できる材料」**を持っていくことです。

「いまは◯◯という状況です。僕は△△の方法が適切だと考えますが、他にどのようなアクションが考えられますか?」というふうに、相手の判断を促すような伝え方をするといいでしょう。

役職者やマネジメント側の人たちは、権限が大きいのが本来の存在意義です。状況を判断して、意思決定をし、それらをチームに適切に実行させることが仕事なのです。そうであるなら、彼ら彼女らに伝える側は、意思決定しやすい材料を持っていくことがポイントになります。

裏を返すと、マネージャーやリーダーの仕事は、チームメンバーからもたらされた情報や考え方を、評論したり批判したりすることではないのです。

立場によって見ている景色はまったく違う

会社の組織図を階層で大きく分類すると、「プレーヤー層」「マネジメント層」「経営層」という3層構造で考えられます。

わかりやすく、海水浴場にたとえてみましょう。まず、海水浴場にいる人たちがプレーヤー層（一般社員）です。砂の熱さや波の高さ、海のなかにいる魚などの細部の情報（現場の情報）は、プレーヤー層がもっとも理解しています。

次に、マネジメント層（マネージャー、チームリーダー）は監視台にいる人たちとみなせます。海水浴場全体を見渡せるとともに、砂浜にもすぐ降りることができ、プレーヤーと一緒に砂の熱さや海に入ることを体験できるのがポイントです。もちろん、トラブルに見舞われた人を助けることもできます。

そして、海の上空を飛ぶ飛行機に乗っているのが経営層です。より高い場所から眺められることで、隣の海水浴場（競合他社など）の様子や、遠くに見える雷雲（景気の後退など）に気づくなど、大局的な視点を持っています。それにより、隣の海水浴場の狙いに気づいたり、早めに避難を勧告したりすることができるわけです。

ファクトだけを伝えるとリスクになる

さて、仮にいま海水浴場に大量のカニが発生したとしましょう。そのカニたちは、海水浴場にいる人たちの足をハサミで突きまくっていて、もはや海水浴どころではなく、マネージャーは経営層にその深刻な状況を伝える必要があります。

でも、このとき、「カニがn匹、大量発生しました！」とファクトだけを伝える場合がとても多いのです。すると、場合によっては「そうか、ならばそのカニを利用して新しいビジネスを考えよう」と、経営層が判断することも起こり得ます。

つまり、起きている問題と解決方法がずれてしまうわけです。

これが先に述べた、短時間で正しく「意思決定」できる材料を持っていく必要性に

短時間で正しく意思決定できる情報とは？

できる限り全体を見渡す視点を持ち、必要なことは教えを請いながら、もっとも適切に意思決定できる材料（情報）を経営層に伝えることが大切

つながります。

正しい情報だからといってファクトだけを伝えればいいというものではなく、あくまで意思決定や、アクションの「目的」を判断できる材料を伝える必要があるのです。

プレーヤー層がマネジメント層に伝えるときも同様です。「カニが大量にいてとにかく大変なんです！」と伝えるのか、「大量のカニがいるので、網ですくって人海戦術で対処しますが、数日間だけ海水浴場の一部を閉鎖できませんか？」と伝えるのか――。

後者のように伝えれば、マネジメント層はより適切な解決策を経営層と折衝することができるでしょう。

このとき、「緊急事態なんだから、経営層も現場を見てよ」と批判する人も結構います。ですが、もともと飛行機に乗っている人たちが海水浴場を実際に見て判断するには、着陸し、そこから車で移動し、海岸を一瞥して、また車に乗って飛行場へ向かい、離陸しなければなりません。そのプロセスにかかる時間を考えると、その間、経営者の仕事ができないことの損失は計り知れません。

それゆえ、経営層が現場で起きていることを細部まで知らないのは当然なのです。

だからこそ、**経営層が空を飛んでいる状態でも適切に「状況判断」ができるように、マネジメント層の伝え方が非常に重要**になるわけです。

自分とは「違う視点」を積極的に得よう

視点を変えると、3層構造の真ん中に位置する**マネジメント層がボトルネックになりやすい**ということです。

それこそ現場感覚にこだわるマネージャーは案外多く、監視台から降りていつも砂浜を歩き回っているので、局地的な部分にしか目が届かなくなっている可能性があります。その結果、遠くで溺れている人や危険生物の出現などに気づけず、本来のマネージャーとしての仕事を果たすことすらできなくなります。

一方で、ずっと監視台の上にいて全体を見てばかりいると、せっかく現場で起きている問題を体感できる位置にいるにもかかわらず、その機会を逸してしまいます。そうして問題の本質を正しく理解することができなくなるのです。

そこで大切なのは、**「自分に見えている世界がすべてではない」ことを認識したうえで、できる限り全体を見渡す視点を持つ**ことです。

そして、必要なことは誰にでも教えを請いながら、もっとも適切に意思決定できる材料（情報）を経営層に伝えることです。

ここまで述べたことから、権限が大きい人との1on1のコミュニケーションにおける、もうひとつのポイントが導き出せます。それは、**自分とは「違う視点」を与えてくれることを期待して話をする**ことです。目的を持って話をし、それに対して異なる視点からの指摘をもらうことで、その目的をより一層強固なものにしていけるからです。

そのためには、自分の意見に賛同してもらうことを目的にしてはいけません。逆に、**最初から自分とは「違う視点」をもらいにいく感覚でいると、厳しい指摘を受け入れやすくなり、感じるストレスも少なくなります。**

相手と対立するのではなく、「そんな視点があるのですね、ありがとうございます」と応じる姿勢を持てば、コミュニケーションは自ずといい方向へ進んでいくはずです。

まとめ

- 「役職」の役は「役割」の役。
  上下関係なく、すべての人にフラットに接する
- 相手も自分も観察し、素直に自己開示する
- 権限が大きい相手に伝えるときは、
  意思決定できる材料を渡す
- 1on1では、自分とは違う視点をもらいにいく感覚でいる

5
最強のプレゼン

相手の「心」に残る話の伝え方

プレゼンで大切なのは、「なんのために話すのか」という目的を見据え、テーマに関する「本質」を伝えることにあります。ここでは、魅力あるプレゼンをつくる考え方のほか、スライドのつくり方やデータの扱い方、クロージングまで、実例を交えて紹介していきます。

どんな「プレゼント」なら喜んでもらえるか

僕は、**プレゼンは聞き手に贈る「プレゼント」**だと考えています。

ただなにかを説明し、商品やサービスをすすめることではなく、**聞き手に「大切なメッセージを贈る」**という意味です。少なくとも、「土産話になるようないいネタ」を渡してあげること。そんな親密な姿勢がまず必要です。

人にプレゼントを贈るときに注意したいのは、**相手を固定観念でカテゴライズすると、そのプレゼントは喜ばれない**というメカニズムです。

例えば、相手がティファニーのジュエリーが好きなら、当然ティファニーを贈るととても喜ばれるでしょう。でも、固定観念で「女性はティファニーが好きだろう」と考えていると、相手にとってのありがたみはまったく変わってきます。あたりまえですが、ティファニーに惹かれない女性もたくさんいるからです。でも、こうした間違いを犯す人が実に多いのです。

プレゼントを贈るときは、個別具体的に相手を「観察」する必要があります。

ただし、プレゼンは不特定多数に向けて行うため、プレゼント選びが少々難しくなります。簡単に言うと、**個々の相手に贈るメッセージを考えながらも、その場の人たちの「最大公約数」として受け入れることができる情報や要素**が、プレゼンのいいネタだと言えるでしょう。

まずは最低限、人を「属性」「性質」「特徴」などの枠組みで括らないことを意識してください。ジェンダーバイアスを持たないのはもちろんのこと、若者だから、エンジニアだから、ビジネスパーソンだから……と考えないことが大前提となります。

一人ひとりと目を合わせて話す

もうひとつ、僕は、**プレゼンは「ファンサービス」**だと捉えています。

ファンサービスですから、具体的には、**できるだけ一人ひとりと「目を合わせる」ようにして話すこと**を心がけているのです。それこそ、人気アーティストやアイドルたちは、これを必ずやっているはずです。だからこそ、たくさんの観客がいるなかで自分と目が合ったとき、そのファンは、「わたしだけに話しかけてくれている！」という感覚になるわけです。

僕も壇上から客席を見ながら**なるべく意識して全員と目を合わせるようにし、話に沿って「そう思いませんか？」などと問いかけていきます**。すると相手は、「そうだよね」と同意する心理になりやすく、もし意見が違っても、「そういう考え方もあるよね」と、好意的な反応を引き出しやすくなります。

反対に、相手の目も見ずに「みなさん同意されると思いますが……」などとやってしまうと、ただの情報伝達となり、異論や反論が出やすくなるというわけです。

みなさんも十数人を相手にプレゼンをすることはままあると思いますが、その場にいる一人ひとりの目を見て話すことは、案外やっていないのではないでしょうか？いや、少人数相手でもやっていない人はかなりいます。手元ばかり見たり、ずっとモニターを向いていたり、逆に特定の人だけを見たりしています。これでは、いくら話の内容が適切でも、聞き手は「自分ごと」として受け取りにくくなってしまうのです。

「誰かに話したくなる」エピソードからはじめる

では、プレゼンのプロセスに沿って、具体的なコツを紹介していきましょう。まず、聞き手をぐっと惹きつける導入のつくり方です。それにはまず、**「つい誰かに言いたくなるエピソード」を伝える（贈る）こと**がコツになります。

一例として、僕がWeb3のテクノロジーの概念や仕組みを紹介したプレゼンを挙げます。このときは、冒頭の自己紹介のあと、いきなり「ところでみなさん、『イージー・ライダー』という映画をご存じですか？」と問いかけました。1969年公開の映画で、デニス・ホッパーとピーター・フォンダがダブル主演し、ジャック・ニコルソンが脇役で出演しています。Web3の話をするには、ちょっと唐突な問いかけです。

映画では、彼らが焚き火を囲み、酒に酔って与太話をする場面があります。そこで、ジャック・ニコルソン扮する人物が、「地球上には宇宙人がたくさんいる」と言い出します。その宇宙人たちは人間に交じって生活しているから、誰が宇宙人かはわからない。でも、宇宙人たちの社会は進んでいて、そこでは戦争も通貨制度もなく指導者もいない。むしろ全員が指導者であり、高度なテクノロジーによって競争がない日常生活が実現されているらしい。そんな趣旨のセリフがあるシーンだ、と続けて紹介していきます。

そのあとで、「僕は最近この映画を観直して腰を抜かしました。なぜって、彼が話していることはＷｅｂ３の概念と見事に一致しているからです」と伝えるのです。通貨制度がないことは、仮想通貨の存在を的中させているとも言えます。また、全員が指導者だなんて、ＤＡＯ（分散型自律組織）の概念そのものです。「それらが高度なテクノロジーで支えられているのは、まさにＷｅｂ３そのものですよね？」と再び問いかけるわけです。

もしかしたら、『イージー・ライダー』が製作された時代と、いまの時代背景に似ている面があるのではないかという仮説も成り立つかもしれません。

こうした印象深い導入を用意することで、先の**「誰かに話したくなる土産話」**を渡すことができます。

このエピソードを聞いた人は、その後Ｗｅｂ３について自分なりに理解を深めるアクションにつなげてくれるかもしれません。

テーマについてふだんから意識し続ける

では、聞き手を惹きつけるエピソードをどのように見つければいいのでしょうか？

いろいろな方法があると思いますが、僕のやり方は、「カラーバス効果」（あることを意識することで、関連する情報が無意識に自分の手元に集まるようになる現象）を活かすものに近いのではないかと感じています。**プレゼンのテーマについて意識し続けていると、ふだん何気なく見聞きしていることが、すべてヒントになる**イメージです。

ふとあるシーンを思い出して、その本や映画などを見返すと、そこに手がかりがある場合もよくあります。最適なエピソードを探し出すというよりも、テーマを意識し続けることで、自分のアンテナに勝手に引っかかってくるような感じなのです。

逆に言うと、魅力的なエピソードがなかなか見つけられないのは、ふだんからアンテナを立てられていないからかもしれません。あるいは、「正しい答え」や「事実」ばかりを探してしまっている可能性もあります。

「正しい答え」や「事実」にとらわれると、その背後に存在する、それらを補強するエビデンスばかりにこだわってしまいます。

そして残念ながら、どれだけ正しいエビデンスを伝えても、多くの人を惹きつける魅力的なエピソードになるとは限らないのです。

テーマを抽象化して「本質」を伝える

導入から聞き手を惹きつけるには、**プレゼンのテーマに関する「説明」からはじめない**ことです。なにかを説明するだけのプレゼンは、ほとんど無意味だと僕は考えています。なぜなら、情報を共有するだけでいいのなら、事前に資料を配れば済む話だからです。

導入以降の展開では、内容の軸になる「本質」を伝えていくことが大切です。そのためには、**伝えたい内容を抽象化し、その本質だけを伝える**作業が必要となります。抽象化とは、端的に言うと、あるものごとや概念に関して**「要するに、こういうこと」**と言い換えられることです。

抽象化ができず、ものごとの本質を伝えられないでいると、どれだけ導入にインパクトがあっても、それに続くのは事象説明や解決策の提示だけになり、聞く人は内容をなかなか「自分ごと」化できません。

これは、仕事で結果が出ない人の特徴にも重なるものです。**ものごとを抽象化する力が不足していると、その仕事の本質（目的）がつかめないため、効果的・生産的なアクションに結び付けることができない**からです。

そこで、ふだんから「要するに、こういうこと」と考えながら、世の中の問題や仕事の課題を言い換える癖をつけてみてください。

違う視点からものごとを見ると、示唆に富んだ考え方や現象などが意識に引っかかるようになり、多様な情報同士が結び付きやすくなります。そうして意外性のある、魅力的なエピソードを見つけやすくなるのです。

そのなかから、多くの人がアクセスできる情報を選び、ネタとしてプレゼンに盛り込めば、「話がわかりやすい！」「納得できる」という印象を持ってもらえるでしょう。

ワンスライド・ワンメッセージ

プレゼンでは、内容を正しく伝えるためにスライドを使うことが一般的です。巷《ちまた》には、スライドのつくり方についてもさまざまな情報がありますが、ここでは必ず押さえてほしいポイントをお伝えします。

それは、**「文字を少なくする」**ことです。

僕はこれまで、「自分のプレゼン資料は文字が少ない」と言い切れる人に、ほとんど会ったことがありません。たいていのプレゼンは、文字要素が多過ぎるスライドがセットになっていると断言できるほどです。

また、文字を少なくすると、リーダーから「もっとしっかり情報を入れて！」と指摘されるという人もいました。そこで、「その指摘した人はプレゼンが上手なんですね？」と聞いたところ、「そうでもないです」と言うではないですか。

それなら、その人のアドバイスは参考になりません。**プレゼンがうまくない人の言う通りにして、プレゼンがよくなるわけはありません。**

プレゼンは、「ワンスライド・ワンメッセージ」が基本です。その理由は、1枚のスライドに複数の情報を入れると、それだけで聞き手の頭が混乱するからです。なので、多少一文が長くなったとしても、ふたつ以上のメッセージを入れるのは避けましょう。

また、スライドがシンプルだと話しづらいという人もいますが、その場合は、発表者用の「メモ機能」などを活用して内容を書き込んでおくといいと思います。

話すのは「スライドに書いていないこと」

文字を少なくするためにすぐ使えるテクニックとしては、**「句読点を消して、体言止めにする」**方法があります。要は、「ですます調」をやめて、本の小見出しのように言い切るわけです。それだけでも文字数をかなり減らすことができます。

165ページに、僕が実際にプレゼンで使用したスライドのイメージを掲載しています。上から1、2枚目はあえて句読点を省き、シンプルなメッセージにしたものです。こうすると、見ている人はスライドをその都度読まずに済みます。**長めの文章が書かれていると、どうしても「読まなくてはいけない」という心理になってしまう**からです。でも、読めばわかることをスライドにして、プレゼンで読みあげるのはただの時間の無駄と言えます。

むしろ**プレゼンでは、「スライドに出ていないことを話す」ことが重要**です。なにもかもスライドに書くのなら、事前に資料として渡せば済むからです。

ちなみに例外として、165ページの上から3枚目のように、あえて句読点がある文章にするときもあります。これはエピソード部分に多いのですが、通常の文章のように読ませて、メッセージをより印象付けたいときに、1、2枚挿入すると効果的です。

データを「ひとり歩き」させる

メッセージを印象的に伝えるには、写真やイラストなどのビジュアル要素を使うのも効果的です。ただし、ビジュアル要素を使い過ぎると、すべてのスライドが同じような印象になりかねません。まるで〝調味料〟がたっぷり入った料理のように、一つひとつ違う食材を使っていても、最終的には同じような味になってしまうのです。

ビジュアル要素を入れ過ぎると、聞き手は「ただイラストを見ている状態」に陥りがちになり、プレゼンが漠然とした印象になってしまいます。**ビジュアル要素は、要所要所で、あくまでもスパイスとして使う**ことを意識してください。

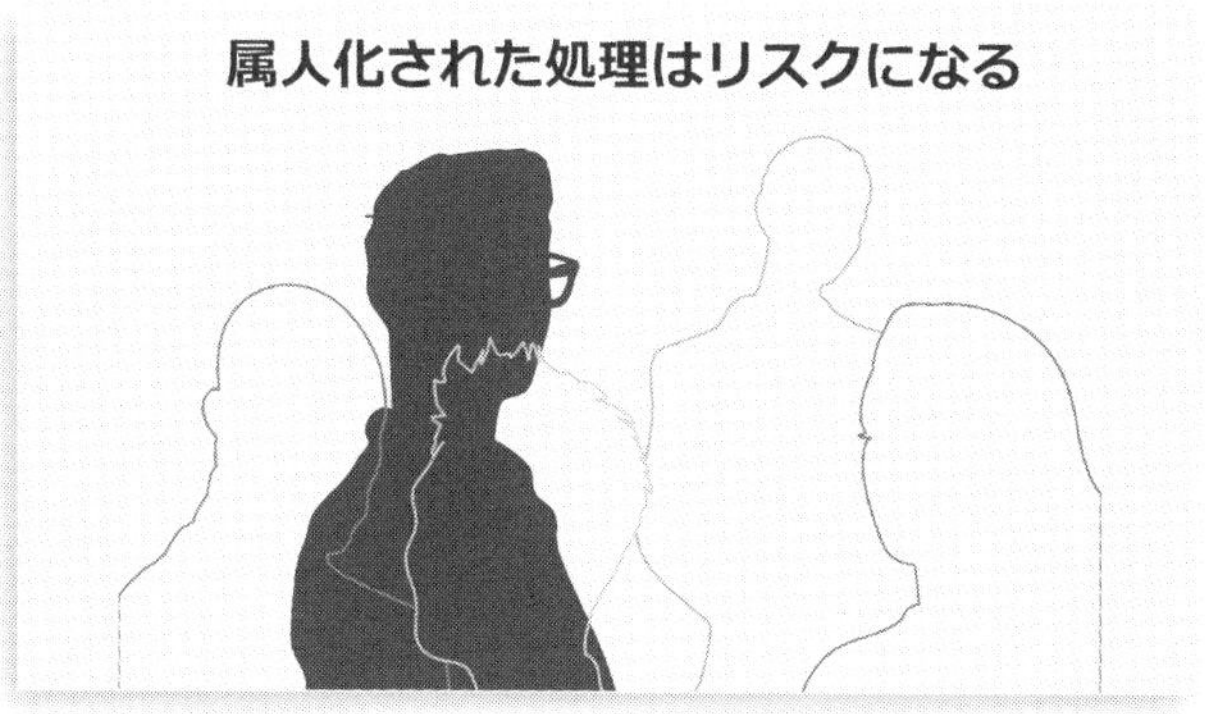
属人化された処理はリスクになる

「管理職」はナンセンス

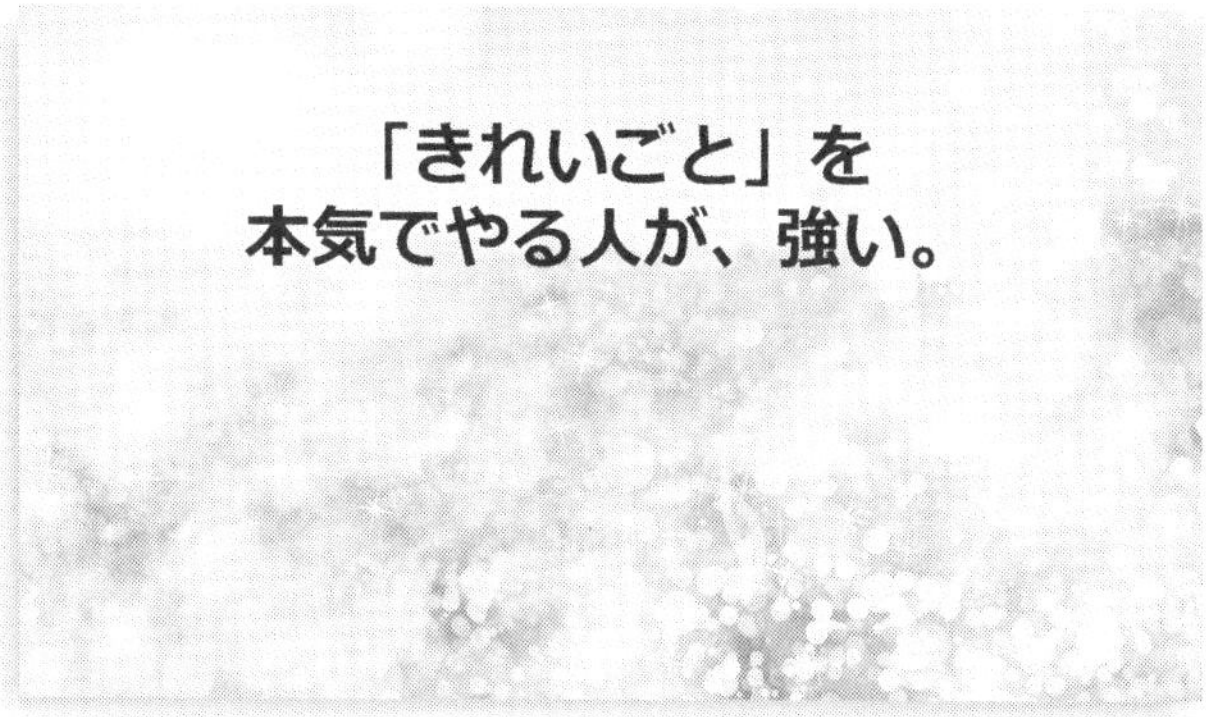
「きれいごと」を
本気でやる人が、強い。

データ類についても、エクセルでつくった表のような資料をそのまま貼っているだけの場合がよくあります。

データをスライドに使うときは、**「ひとり歩きさせるデータ」**を使うと効果的だと覚えておいてください。

どういうことか説明しましょう。

ページ下部に掲載しているのは、「14・9倍」というデータを記したスライドです。この数字は、２０１２年から10年間の世の中のデータの増加量を示しています。こうした数字だけを先に印象的に提示することで、続くメッセージを、より聞き手の記憶に残しやすくする仕掛けです。

このスライドに重ねて、例えば、「この

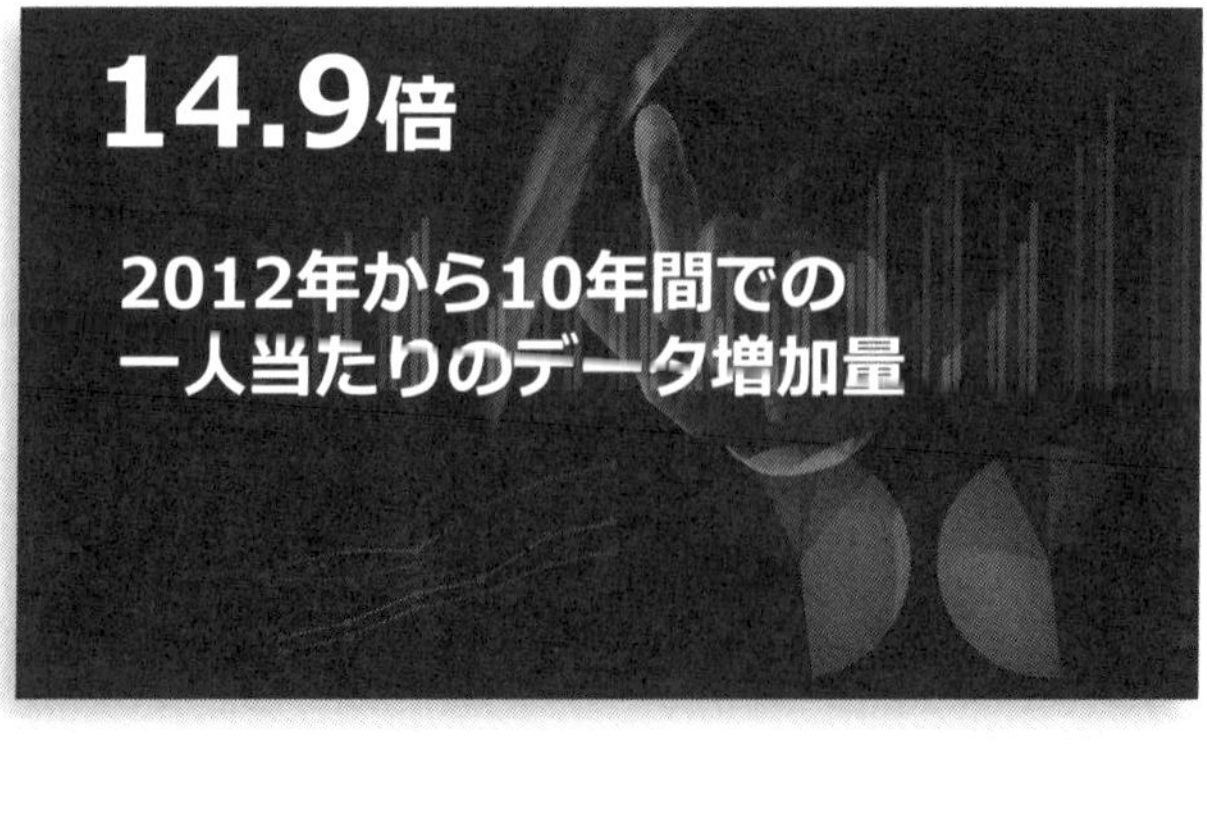

10年間に、人間の脳の情報処理速度は約15倍も速くなったでしょうか？」と問いかけます。今後、データ量は加速度的に増えていくことが想定できますから、脳はますます情報を処理しきれなくなると言えそうです。すると、世の中ではクラウドのリソースを使うことが一般化し、セキュリティ面の重要性がより高まります――と、ビジネスの話へとつなげていけるわけです。

そうして聞き手は、プレゼンで聞いた話を思い出すトリガーとして、「14・9倍」という数字を手にして帰ります。これが、「ひとり歩きさせるデータ」の意味です。

未来のアクションにつながる言葉で締める

最後にクロージングについてです。

よく「ご清聴ありがとうございました」と無難に締めることが多いのですが、これはもったいないパターンだと感じます。そこで僕は、**聞き手の「アクションにつながる」呼びかけをする**ことをすすめています。

例えば僕が、DX系のプレゼンのクロージングでよく使うのは、「素敵な未来を創りましょう」という言葉です。経営学者のピーター・ドラッカーは、「未来を予測する最良の方法は、未来を創ることだ」と述べましたが、彼の言葉を引用し、テクノロジーの力で未来を一緒に創りましょうと呼びかけるのです。

プレゼンのテーマにかかわらず、「未来は自分たちで創るものだ」という趣旨のアクションにつながる言葉で終えると、聞き手は気持ちよく、ポジティブな心の状態で聞き終えることができます。

そのためには、やはりそのプレゼンで求められる結果を、あらかじめ自分で言語化しておく必要があります。

突き詰めると、プレゼンで大切なのは、「**わたしはなんのためにその話をするのか？**」ということ。そのことを、プレゼンの前に深く考えておくことが大切なのです。

まとめ

・プレゼンは聞き手に贈る「プレゼント」。どんなプレゼントなら喜んでもらえるか考える

・プレゼンでテーマにすることについてふだんから意識し、エピソードや本質を見つけ出す

・スライドの文字は少なく、ワンスライド・ワンメッセージ。実際に話すのは「スライドに書いていないこと」

・クロージングは未来のアクションにつながる言葉で締める

6

交渉の秘訣

「ライトパーソン」とともに「ベストアクション」を目指す

ビジネスパーソンが避けては通れない「交渉」。顧客の心を開かせて納得させるときも、提案を断ったり謝罪したりなどの「伝えづらいこと」を話すときも、ベースとなる姿勢はたったひとつ——目の前の相手を、リスペクトすることです。

「大きな主語」を使わない

ビジネスにおいて顧客の心を開かせるには、**相手が属する会社や組織ではなく、その人個人と会っていることを理解し、その人に向けてメッセージを伝える**ことが重要です。営業であれば、あくまでその相手と会いに行くのであり、会社と会いに行くわけではありません。

これは案外忘れられがちで、多くのビジネスパーソンが、「御社は～」「〇〇（社名）さんは～」などと、「大きな主語」で相手と会話をしてしまいます。

しかし、**会社や組織などの「大きな主語」を使うと、話がどこかぼんやりしがち**になります。「この製品を使えば御社の生産性が上がります」などと言っても、どこか〝グリップ〟が弱い伝え方になってしまう。

なぜなら、相手にとっては、自分に話しかけられている感じが薄く、「そうだけどね」「話はわかるけどね」などと、どこか他人ごとなネガティブな反応をしがちになるからです。

主語を「御社」ではなく「あなた」で語りかける

御社は……
あなたは……
「大きな主語」を使うと、
話がぼんやりしがちに
相手が社内で褒められる
ことを見つけ出し、その
実現を手伝う

僕は日本マイクロソフト社でＩＴコンサルタントをしていた頃、営業に行くと必ず担当者に対して、**「あなたはなにをすれば社内で褒められますか？」**という問いかけをしていました。その人が社内で褒められる状態は、巡り巡って、その会社が世間から評価され、業績も上がることにつながるようにデザインされているはずだからです。もしそうでないなら、その会社は構造的な欠陥を抱えていると見ることができます。

それゆえに、「あなたが褒められることを一緒にやりませんか？」と語りかけ、ともにそれを探っていきました。それは会社にとってもいいことであるはずであり、その人が社内で褒められることを見つけ出し、その実現を手伝うことが、お互いの信頼関係を強くしていくのです。

「ライトパーソン」に会うことを徹底する

先に述べたことを多くのトップセールスパーソンは効果的に行っています。その理由はシンプルで、**自分がいくら相手のために行動しても、相手がそれによって社内で褒められなければ、端的に言うとお互いにとって時間の無駄になる**からです。

加えて、重要なのは、**相手が「褒められる立場にいる人」であるということ**。これはつまり、トップセールスパーソンは、「ライトパーソン」に会うことを徹底している人たちだということです。

ライトパーソンとは、自社のビジネスモデルや社会の動き、最新のテクノロジーなどについての理解度が深く、かつビジネスの判断や決断ができる立場にある人のことです。この部分が、一般的なビジネスパーソンとの大きな違いです。

もちろん、ビジネスを進めていくうえでは、例えば購買部門とさまざまな条件を詰めていくフェーズもあります。でも、少なくとも、その取引の価値を顧客に理解してもらうフェーズにおいては、購買部門の人とは会わないほうがいいでしょう。なぜなら、取引のはじめから購買の話になると、どうしても「高いか、安いか」といった金銭面の条件で判断される可能性が高まるからです。

それでは、ライトパーソンが社内で「褒められる状態」になることから大きくずれてしまいます。また、取引の初期段階から多くの人が関わることで、判断のリードタイム（所要時間）が長くなるリスクも生じるでしょう。

顧客のビジネスに強い興味を持っているか

トップセールスパーソンのもうひとつの共通点として、**「顧客のビジネスに強い興味を持っている」**ことが挙げられます。つまり、**顧客がどうなるとハッピーになるかを本気で考えている**ということです。

そのうえで、顧客をよりよい状態にしていくプロセスにおいて、「どの部分を手伝えるか」が明確であり、自分を一プレーヤーとして位置付けることができているのです。

セールスは「売ってなんぼ」の世界でもありますが、彼ら彼女らは、顧客に対してただ商品やサービスを売りつけて、利益をあげればいいという態度で仕事をしていません。あくまでも**ビジネスパートナーとして、顧客のために必要な役割を自分が担い、その結果として相応のリターンをいただく**というイメージで仕事をしています。

そうした振る舞いはもちろん相手に伝わるので、トップセールスパーソンは相手に警戒心を抱かせません。また、相手の意図や思いを勝手に決めつけず、対立軸のような構図は決してつくりません。

ならば、トップセールスパーソンは具体的にどんな会話をしているのでしょうか？

じつは、彼ら彼女らは、**「未来の話」**をしているのです。**自分たちの製品やサービスが「ある世界」と「ない世界」について説明し、それが「ある世界」のほうが素晴らしい世界であることを、顧客に納得してもらう**わけです。

そうして、自分たちの製品やサービスを選んだ顧客はハッピーになり、その報酬をいただく自分たちもまたハッピーになるという考え方をしているのです。

「顧客の満足」を個別具体的に探る

ここまではBtoBの場合を想定しましたが、BtoCでも同じ考え方ができます。結局のところ、**顧客の心を開かせるには、その人個人について知ることがなにより大切**だからです。

ですが、顧客に対して、すぐに「買い方」の説明をするセールスパーソンがいます。自動車のセールスなら、顧客がセダンに乗りたいのか、ミニバンに興味があるのかを聞かず、最初から「いまこの車種がキャンペーン中でお得です！」とやってしまう。数字に追われているとなおさらやりがちですが、これは完全なる自分都合であり、そんなことでは顧客は心を開いてくれません。

そこで、BtoCにおいても、最初のプロセスとして顧客を「観察」し、**その人だけに向けてメッセージを伝える**ことが大切です。**「どうすれば顧客が満足するか」を、**

個別的にかつ具体的に探っていくということです。

そのためには、適切なヒアリングを重ねていきましょう。質問と観察が密接に結びついていることは、本書で繰り返しお伝えしてきた通りです。

また、**相手の返答が100%正しいとは限らないことにも注意が必要**です。相手の返答には、その人のバイアスがかかっているのが一般的であり、それにそのまま応えるのが正解ではありません。

よく顧客の言ったことを鵜呑みにして失敗するパターンがありますが、それは顧客ですら、自分のことをわかっていない面があるからです。そこで、顧客の一つひとつの言葉に対して、「なぜこの人はこんなことを言うのだろう?」と観察しながら、丁寧にアプローチしていく必要があるでしょう。

譲ることができる「限界値」を持って交渉に臨む

交渉の場面では、どうしても結果がほしいために次々と条件を譲ったり、自社にとってメリットが少ない契約をしてしまったりすることがときどき見受けられます。

そうならないよう、**交渉に臨むときは、自分が譲ることができる最低限の「限界値」を持っておく**ことを心がけてください。

交渉学には、「BATNA（Best Alternative to a Negotiated Agreement）」という概念があります。これは、**「代替案のなかで最良の案」**を意味する用語で、いわゆる「プランB」のような単なる代替案ではありません。**目の前の相手と交渉が成立しないときに、自らの意思でその交渉を終わらせるために切る〝最強のカード〟**のことです。

「BATNA」を持って交渉に臨むと、自分自身に「余裕」が生まれます。結局、余裕がなくなると視野が狭くなり、相手を観察する範囲も狭くなってしまうのです。すると、それが原因で柔軟な思考ができなくなり、相手を観察しているつもりが、ただ自分都合の思い込みに陥ってしまうことがよくあります。

自分に余裕さえあれば、相手のことを丁寧に観察することができます。そして、正確に観察すればするほど、相手のことがよくわかるわけですから、それがまた自分の余裕へとつながっていくはずです。

意見が違うときは「共通するアクション」に立ち戻る

交渉をするなかで、相手と意見や考え方、価値観が違うと感じたときは、まずその**意見の違いの部分ではなく、「いまなんのために話しているのか」「お互いなにをやろうとしているのか」という共通するアクションにフォーカス**しましょう。

お互いにビジネスの成功を前提としているなら、すべての会話や議論は、意見の違いを超えて、正しくアクションするために行うものだからです。

僕自身は、そのアクションを、「世の中をよくする」ために行うものと捉えています。そのために、僕たちは仕事を通じてともに時間を過ごしているのです。**「世の中をどうしていきたいか」「どうなるとお互いにとって成功なのか」**ということに、立ち戻る必要があるというわけです。

もちろん、人それぞれ意見が違うのは仕方ないことです。でも、意見が一致しないこと自体を受け入れながら（115ページ参照）、会社という器を使って、ともに「世の中をよくする」アクションについては「合意」を目指していく――。このマインドが持てるようになると、相手と意見や考え方、価値観が違っても、話を続けていきやすくなるはずです。

怒っている相手に「正論」は厳禁

共通するアクションにフォーカスする意思を、相手のほうが持てない場合もあります。よくあるのは、考え方や価値観の違いなどから、相手がすでに怒ってしまっているときです。人は怒っている状態になると余裕を失い、ものごとを冷静に考えることができなくなります。パソコンをイメージするとわかりやすいのですが、脳のＣＰＵの多くが怒りの感情の処理に割かれて、他の処理が追いつかない状態になるわけです。

こうしたときは、コミュニケーションをコントロールできない状態だと思うしかありません。そもそも他人をコントロールすることはできませんから、少なくとも、相手が冷静になるまで待つしかありません。

そんなとき、**もっともやってはいけないのは、相手に正論をぶつけること**でしょう。指摘を受け入れられる心理状態ではない人に対して正論をぶつける人がいますが、これは火に油を注ぐようなもので、対応を完全に誤っています。もし交渉や人間関係を今後も続けていきたいのなら、たとえ自分の意見が正しくても、そのタイミングでやっていいことはほぼありません。

そこで、相手が会話できる状態にあるかどうかを、ここでも「観察」することが必要です。ビジネスは時間をはじめ限られたリソースを使って行うものですから、時間を効率的に使うのは当然のことです。ただ残念ながら、自分の思惑通りにものごとが進まないときもあります。

そんなときは、〝時間の借金〟になるかもしれませんが、**一定のリソースを「待つこと」に費やすしかないと割り切る柔軟な姿勢も必要**なのです。

断るのは「お互いにとってベストではないから」

ビジネスでは、「伝えづらいこと」を言わなければならない場面もあります。

例えば、相手に断りを入れる場面。顧客に対して、「それはできかねます」と伝えるのが苦手な人はたくさんいます。

僕がときどき使うのは、**「わたしではない人のほうが適任だと思います」**という伝え方です。これは、自分のリーダーやビジネスパートナーに対して「できません」「やりたくありません」と示すのにも使えます。案件によって、必ずしも自分が（性質や向き不向きの面から）ベストプレーヤーではないことを伝えるわけです。

この言い方には、僕だけでなく、**「あなた（伝える相手）にとってもベストが違う」**という指摘を兼ねており、相手の申し出を断りながらも、結果的にはお互いにとっていい結果につながるという意図を持たせることができます。

例えばセールスの場面で、いわゆる無理な値引き交渉をされるケースも考えられます。これ以上妥協できないにもかかわらず、取引自体がなくなることを恐れて断れない人もいるかもしれません。

しかし、無理な値引きを求める相手とのビジネスは、そもそも継続性が見込めないのはあきらかです。また、いったん前例をつくってしまうと、それ以降に改善することがさらに難しくなってしまいます。

だからこそ、そうした顧客に対しては、もはや伝え方の問題ではないと認識しましょう。自分たちにとって「ライトパーソン」ではないと判断し、毅然と断ることです。

裏を返すと、値引きできない自分たちもまた、顧客の「ライトパーソン」ではないということを意味します。

ビジネスでは、お互いに適切な取引相手かどうかを客観視し、そうでないときは関係性をリセットしたほうが正しい判断になるということです。

関係性をリセットすることを恐れない

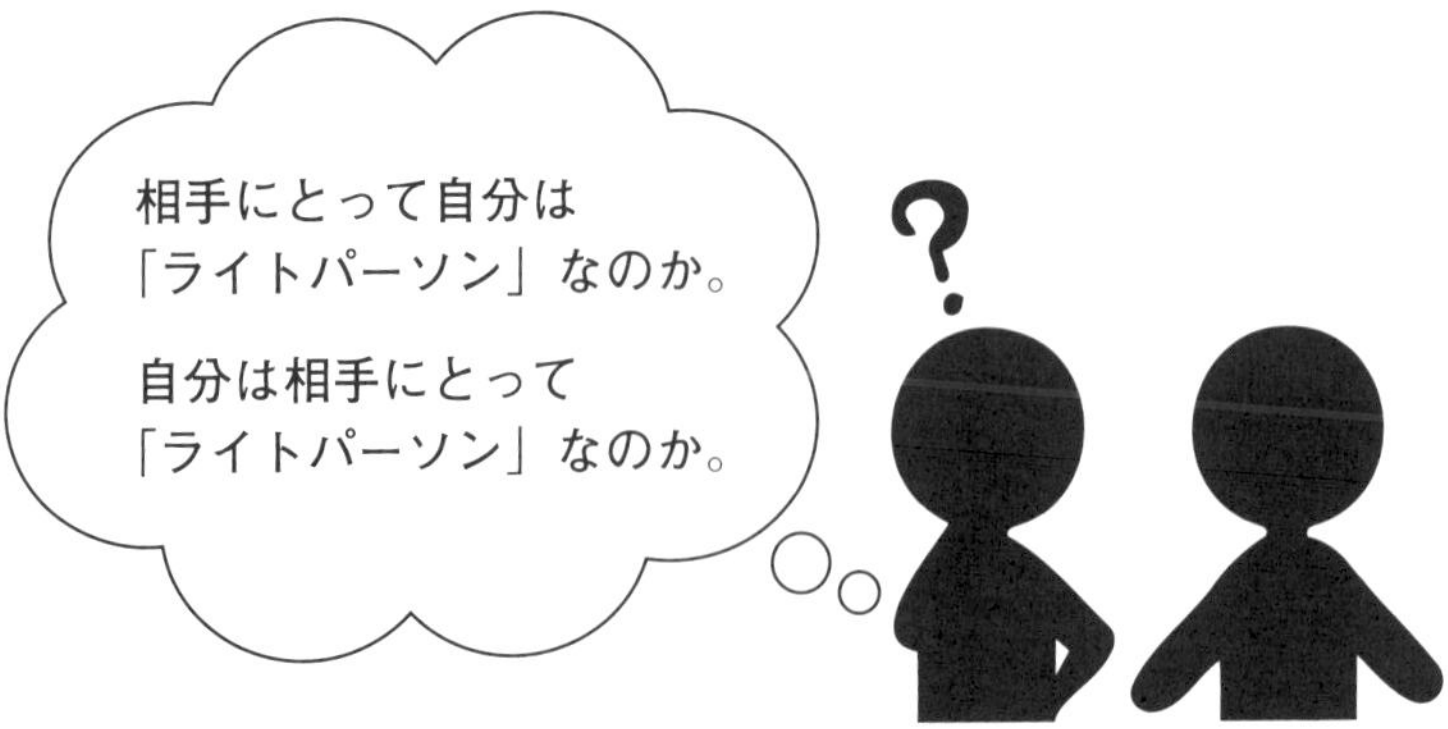
相手にとって自分は
「ライトパーソン」なのか。
自分は相手にとって
「ライトパーソン」なのか。
?

互いに適切な取引相手でないなら、関係性をリセットすることがビジネスの正しい判断になる

「どこに非があるのか」を見極める

「伝えづらいこと」の典型例として、謝罪についても述べておきます。まず必要なのは、**「どこに非があるのか」**をしっかりと理解しておくことです。

例えば、自分がサービスを提供する側で、かつサービスを適切に提供できなかったのであれば、契約を履行できていないことになるため謝罪しなければなりません。人は間違いや失敗を犯すものであり、それについてはきちんと謝れる大人でいることは大切です。

しかし、契約上の問題がなく、考え方や価値観の違いから相手が怒っている場合などは、うかつに謝るのは避けましょう。契約不履行でもないのに、顧客が不機嫌になるとつい謝ってしまう人がいますが、そうしたマインドは、先に述べた悪しき前例をつくることになりかねません。**頭を下げる前に、「どこに非があるのか」「自分が謝罪しなければならないのか」を、冷静に判断する**ように心がけてください。

そのうえで、「相手の気持ちをリスペクトする」姿勢を持つことが大切です。ビジネスで成功するには、関わる人それぞれの立場をフラットに捉えることが重要だと僕は考えています。

相手が顧客であろうと、自分のリーダーや年下のチームメンバーであろうと関係なく、失敗や手違いがあれば、まず当人がきちんと謝るようにする。そして、失敗や手違いがないのであれば、たとえ「伝えづらいこと」でも堂々と伝える。

そんな「伝えづらいこと」を正面から言い合えるアクションから、フラットで健全な関係性を築いていけるのだと思います。

まとめ

- 「御社は」ではなく「あなたは」と語りかけて信頼関係を築く
- ビジネスの理解度が深く決定権がある「ライトパーソン」と交渉する
- 意見が違うときは「違う部分」ではなく「共通するアクション」にフォーカスする
- 「どこに非があるのか」を明確にしたうえで、謝るときはきちんと謝る

7

雑談の作法

雑談こそ
〝雑〟に済ませず
丁寧に

人間関係を円滑にする雑談は、ビジネスを成功に導くためにうまく活用したい要素のひとつです。ただし、ビジネスに直接関係する話題でないからこそ、個々人のバイアスや価値観の違いが露わになりやすく、注意も必要です。押さえておきたいポイントを解説します。

雑談は油断大敵

突然ですが、この本を読んでくださっているあなたは、英会話は得意ですか？

こう問われて「得意です！」と答える人は、かなり少数だと思います。むしろ、英会話に対して苦手意識を持つ人のほうが圧倒的多数ではないでしょうか。

海外生活が長い人や、完全に英語をマスターした人の中には、「英会話なんて、雑談できれば十分だよ！」というアドバイスをする人が一定数います。

僕自身はアメリカに本社がある会社に20年以上いたため、英語はそれなりに話せるようになったのですが、いまだに「雑談」となるとハードルが高いと感じています。

なぜなら、「雑多な中から話の種を見つける」というのは、そう簡単な作業ではないと思うからです。

「相手と共通の話題は？」

「失礼に当たらない言い方は？」

「ひとりよがりにならない表現は？」


母国語ではない言語で、このあたりを瞬時に考えるのはなかなか大変な作業です。

かといって、日本語なら雑談も簡単かというと、そうとも思いません。

むしろ、〝油断〟しすぎて失敗してしまう人が多い印象です。

多くの日本人は、英会話なら「どうすれば相手に伝わるか」をワンクッション置いて考えると思います。

でも、日本語だとついつい余計なことを言ったり、相手の都合を考えない話題を選んだりする人を見かけることが、よくありますよね。

その典型が「太った？」「髪薄くなってない？」「年取ったね」というような、本人が簡単にコントロールできないことを話題にするパターンです。

雑談というのは、人間関係を円滑にするためにするものだと僕は定義しています。

そう考えると、このような発言は相当な悪手でしょう。


雑談では、**「相手がポジティブな気持ちになるものはなにか？」という観点で話題**

探しをすると、エラーが起きにくいのではないかと思います。

持っているバッグを褒めたり、アクセサリーに興味を持ったり、靴のメーカーを聞いたりすることは、それほどリスクなく相手も会話ができるでしょう。

ちなみに以前、夫婦でサンフランシスコに旅行した際、僕のかみさんは毎日なにかしらを通行人に褒められていました。それは、髪型だったり、履いているスカートだったり。言われた当人は嫌な気分にならず、かつ会話も弾みます。

雑談はこうありたいな、と思ったものでした。

「それ、教えて？」が成長の源泉

そのほかにも、雑談が上手な人は、**興味関心の範囲が広い**人だと言えます。

例えば、タレントのタモリさんは「究極の素人」と言われることもあるそうですが、これはいつも素人の目線を持って、誰かに「それ、教えて？」と質問できるからであり、僕はそれが彼の唯一無二のスタイルをつくったのだと捉えています。

あるものごとについて、専門家や研究者などの詳しい人に質問するには、少なくともそれに対する興味関心と、最低限の知識を持つ必要があります。そのうえで、「○○とはどういうことですか?」と質問ができれば、それに詳しい人はまったくゼロから説明する手間がなく、より気軽に教えてくれるでしょう。

なにかに興味関心を持つと、いまはテクノロジーを活用すれば、自分でいくらでも調べようがあります。少しかじった程度の知識で構わないので、その範囲を広くしながら、あとは**「教えて?」と言うことさえできれば、どんな人でも先生にすることができ、どんなときも学んで成長していくことができる**のです。

そうして知識が蓄積されていくので、ますます雑談が弾むようになり、自然と雑談力も上がっていくというわけです。

「継続性」を意識してよりよい関係を築く

一般的な雑談のネタとしては、天気やスポーツ、話題のニュースなどでしょうか。

でも、僕はあまりそれらの話はしません。

僕が初対面でよくやるのは、110ページでも述べたように、名刺交換のときに名刺に書かれた情報をもとにして話すことです。

例えば、僕は氏名を漢字で書くと「澤 円」と2文字のみですが、たまに名字が3文字、名前も3文字という人がいます。すると、すかさず「僕の3倍ですね！」と話しかけるのです。

相手の会社のロゴマークが特徴的なら、「このロゴはなにがモチーフなんですか？」と聞くこともあります。こうした質問のポイントは、**相手がしっかり答えなくても別に構わない**ということです。「よく知らないんです」と答えてもらってもいいし、仮にユニークな由来があったり、著名なデザイナーが手掛けたものであったりすれば、ちょっと盛り上がってその場の雰囲気が和らぎます。

ふだん会っている人と雑談する場合は、「継続性」を意識してみてください。「以前お会いしたときに教えていただきましたよね？」「わたしもやってみたんですよ」というように、**前回会ったときのネタを引き継いで、「あなたが言ったことを覚えていますよ」とアピールする**のです。

この、雑談に「継続性」を持たせることを、案外多くの人はやっていません。でも、「この人いい感じだな」「今後もお付き合いしたいな」と思える人は、あなたが話したことを覚えていたり、実際にやってみたりしてくれた人たちではないでしょうか?

それこそ僕の場合も、プレゼン講習をやったのちに再会した人に、「この前教えてもらったことを試しました」と言われると、その人の印象がとてもよくなります。

同じ人と会うときは、ぜひその人とのあいだにだけ継続するトピックで雑談をしてみてください。毎回単発的に話題を持ち出すのではなく、その人と「関係性」を築き上げていく意識を持ちましょう。

「相手の意思でコントロールできること」を話題にする

雑談は人間関係を円滑にするものだと捉えれば、「不向きな話題」は自ずと見えてきます。

まず、**人の「悪口」を言わないのは基本中の基本**。それに加えて、**相手の「容姿」に関する話題も要注意**です。よく日本人は不用意に容姿を話題にしがちだと指摘されることがありますが、グローバルな人権尊重の考え方から見ると、基本的に容姿を話題にするのはＮＧです。

一方で、先のサンフランシスコの例に象徴されるように、欧米をはじめ多くの社会で、他人の容姿を積極的に褒める傾向があるのも事実です。ただし、この場合、彼ら彼女らは、**「相手の意思でコントロールできること」を褒めている**と見ることができます。

例えば、洋服や髪型、ネイルやアクセサリーなどは自分の意思でコントロールできるものであり、それらを褒めることは問題ありません。「素敵なバッグですね」「いい色の靴ですね」というのもいいでしょう。

しかし、本人が公言していない限り、「太った・やせた」という話題はＮＧです。「やせているのは別にいいのでは？」と思う人もいますが、やせたくてやせているわけではない人はたくさんいます。もともとの体質かもしれないし、病気やストレスの可能性だってあり得ます。

ただ、本人がダイエットを公言しているなら、「成果が出ていますね！」と褒めることはできるでしょう。これはダイエットが成功していることを指しており、コントロールできることを褒めているからです。

ちなみに、**相手を褒めるときは、「I think（わたしはそう思う）」のかたちで伝える**といいでしょう。雑談は、その人との関係性をよくするために行うものです。一般的な理由ではなく、あくまで「自分はそう思う」という気持ちを伝えるようにしましょう。

「人によって解釈が分かれる話題」はNG

雑談では、**「人によって解釈が分かれる話題」もNG**です。例えば、「一般的に批判されているような話題（芸能人の不倫ネタなど）なら大丈夫」と考えるのは大きな間違いです。それに対する受け取り方は、個人によって相当差があるからです。

人には、自分が好きなようにものごとを解釈する傾向があり、それぞれの解釈の違いによって、人間関係に問題が生じることがあります。

ここで、僕がコミュニケーションスキルをテーマに話すときに、よく用いるワークを紹介します。みなさんも、次の質問を読んで考えてみてください。

Q―4 人の登場人物を「許せない順」に並べてください

モハメドさんはラーメン店で会計をするとき、財布を忘れたことに気づきました。日本語が話せないモハメドさんは、あとで払いに来ることを説明しようとしましたが、ラーメン店の店主は警察に通報してしまいます。駆けつけた警察官はモハメドさんを連行。その様子をスマホで撮っていた隣の客はＳＮＳで動画を拡散し、この動画が原因でモハメドさんは強く非難されることになりました。

これはただの僕のつくり話ですが、このワークをすると見事に答えがばらけます。モハメドさんという名前に反応し、「これだから外国人は……」という人もいれば、頭が固いといって警察官を許せない人もいるし、いきなり通報した店主が悪いという人もいます。もちろん、ＳＮＳで拡散した客は短絡的過ぎるという意見もあります。

ですが、このワークのポイントは、じつは「この文章の範囲でしか状況はわからない」ことにあります。

人は自分に都合がいいようにストーリーを描く

状況を説明する文章は同じなのに、なぜ人によって意見が分かれるのでしょうか？それは、**人というのは「書かれていないこと」を勝手に解釈する**からです。

その場で実際になにが起こったのかは、この文章だけでは判断できません。もしかしたら、モハメドさんが「あとで払う」と威圧的に叫んだから、店主は怯えて通報したのかもしれません。店主がちょっとしたことでも通報するタイプの人だった可能性もあります。また隣の客は、問題が起きていることを正しく伝えなければならないと思い、正義感から撮影したのかもしれません。真相は誰にもわからないのです。

それでも、**人はわからない部分に関して、自分が理解できるように勝手に解釈し、それぞれ異なるストーリーを描いてしまう**のです。そしてたいていの場合、それが誤解や事故を生む原因になるというわけです。

雑談に話を戻すと、**解釈の余地がある話題は雑談には向いておらず、扱わないほうがいい**と言えます。人間関係を円滑にするための雑談のはずが、意見の違いによって、かえって対立を生むこともあるからです。

先に述べた、「相手の意思でコントロールできること」が雑談の話題に適しているのは、そこに相手の明確な意思がある限り、他人の解釈の余地がほとんどないからなのです。

まとめ

・雑談は人間関係を円滑にするためのもの。相手がポジティブな気持ちになる話題を探す

・雑談を機にどんな人にも教えてもらえば、どんなときでも成長できる

・「この前の話を試してみました」と継続性をアピールすると印象アップ

・人は自分の都合のいいように考える。解釈の分かれる話題は避ける

8
説得の核心

説得力とは「本質を伝える」力

説得力のある話をする人は、「言い換え」「たとえ」「ギャップ」といったテクニックをうまく使っています。一見、表面的なメソッド論に感じるかもしれませんが、そうではありません。共通するのは、話の「本質」を突き詰めるということなのです。

「言葉の使い方」に気を取られない

話に説得力をもたらすための前提として、僕は**「言葉の使い方」に一貫性を持たせる**ことを心がけています。143ページでも述べましたが、具体的には、相手が若い人であろうと有名人であろうと変わらず、いつも「カジュアルな丁寧さ」を意識して話すのです。

もちろん、人それぞれ個性がありますから、どのように言葉の使い方に一貫性を持たせるかは人によって変わります。お伝えしたいのは、言葉の使い方を意識し過ぎるあまり、自分が「本当に伝えたいこと」がおろそかになるくらいなら、ある程度統一してしまうほうが楽になるということ。そして、それよりも**相手からなんらかのアクションを引き出すことに集中する**ほうが大事だということです。

言葉の使い方をあまり考えなくていいというわけではありませんが、「話がうまく伝わらない」「どうすれば相手の心に響くだろう?」と迷ったときは、まず**自分が「本当に伝えたいこと」に焦点を合わせる**ことが重要です。

相手に話を伝えて、なんらかのアクションをしてもらうには、**「誰が」「いつ（までに）」「なにをする」という要素を明確にする**ことも欠かせません。

つまり、相手の具体的なアクションにつなげるには、曖昧な表現をしないことに尽きるということです。

じつは誰もが「人前」で話している

ふだんから言葉の使い方の一貫性を意識していても、例えばプレゼンや会議など人前で話すときに、ついかしこまったり、いつも使わない言葉を使ったりして、かえって失敗を招くことがよくあります。

そこで僕は、**「プレゼンなどもいつもの話し方のままで、ルーティンをこなすくらいの気持ちで話すことがコツ」**だとお伝えしています。「頻繁にプレゼンがあるわけではないし、そう簡単に人前で話せない」という人こそ、ふだん飲食店で注文したり、コンビニで買い物したりするときの感覚を思い出してみてください。

これは案外、重要なポイントです。いつも通りに話すことができれば、プレゼンだからといってわざわざ話し方を変えるなど、余計なことにエネルギーを使う必要もないからです。

僕は、飲食店での注文やコンビニでの買い物も、一種のプレゼンだと捉えています。これには別の意味もあり、そうした**日常のシーンでどれだけ丁寧な対応をしているかが、人前での話し方に如実に表れる**ということです。

例えば、コンビニやタクシーを利用するとき、急に横柄な態度を取る人がいます。コンビニもタクシーもれっきとした〝人前〟であるにもかかわらず、お金を払う側になると、なぜか「自分は相手よりも偉い」と考えてしまうマインドの人がいるのです。

ですが、そんな人の多くは人前での話し方で失敗します。ふだんの話し方やコミュニケーションが丁寧ではないため、いざ人前で話すときだけ丁寧にしようとしても、どうしてもちぐはぐ感が出てしまうのです。

逆に言うと、日常のちょっとした会話シーンで、プレゼンなどの練習はいくらでもできるということです。それを練習と捉えるかどうかはマインドセット次第なので、ふだんから丁寧な言葉遣いを心がけ、磨いていく意識を持つことが大切です。

「要するに」とまとめる癖をつけよう

これまで述べてきた前提を押さえたうえで、話に説得力を生む**「言い換え」**と**「たとえ（比喩）」**、そして**「ギャップ」**について紹介しましょう。

この3つのテクニックは、会話にリズムをつける効果もあるのですが、重要なポイントは、どれも話の「本質」に触れるものだということです。本質がきちんと伝わると、聞き手の理解はぐっと深まります。

まず、ひとつめの**「言い換え」は、自分が話した内容について、そのあとに「要するに」という言葉をつけてまとめる**のがポイントです（160ページも参照）。いったん「要するに」とつけると、そのあとに「本当に伝えたいこと」を端的にまとめて、要となる本質の部分を抜き出す必要が生じるからです。

このときよくある失敗は、「要するに」のあとの説明や、「本当に伝えたいこと」が冗長になるパターンです。ひとこと程度でまとめるのが理想ですが、まったく要約できていないことがあるのです。

でもこれは、意識すれば自分で練習することができます。**なにかを説明したときは、つねに頭のなかで「要するにこういうこと」と、まとめる癖をつければいい**でしょう。

仮に、仕事のプロジェクトの説明をするとき、「構想に２年かかり、開発のために半年を要し、関わった人間は延べ３００人を超えて……」と伝える場合があるとします。このとき、それらの情報を述べたあとで必ず、「要するに、時間的にも経済的にもとても大変でした」などとまとめるということです。

「大変だった」というだけでは相手は理解

説明の後で「要するに」とまとめて本質を伝える

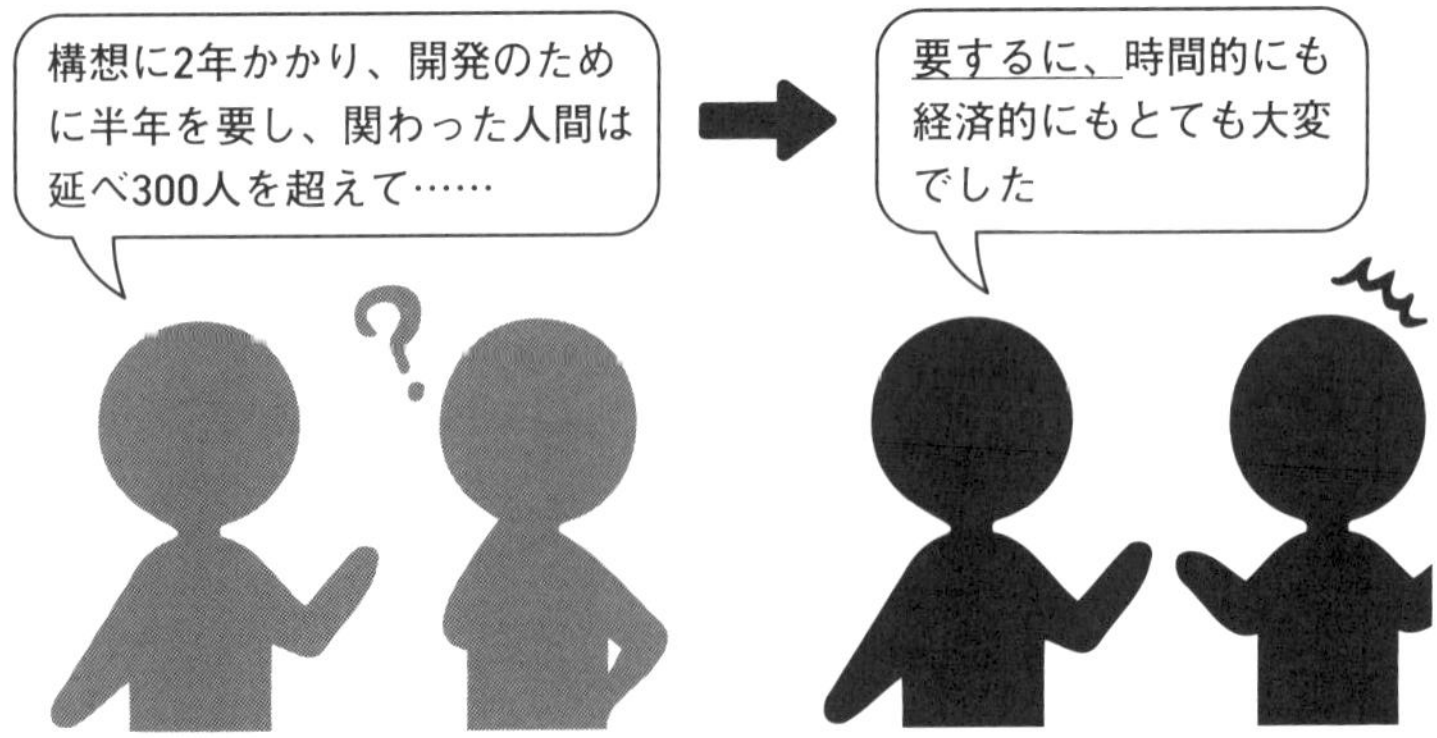

事実を説明したあとに「要するに」からはじまる「まとめ」を言うようにすると、話の本質がブレずに伝わる

できないので、事実を説明したうえで、「要するにとても大変だった」とまとめる。すると聞き手は、**先に聞いた事実を、大変だったという「本当に伝えたいこと」に結び付けて理解することができます。**

このまとめがなければ、「あのプロジェクトには約300人が関わったらしい」などと、伝えたいことの本質からずれた理解を聞き手はしてしまうのです。

言い換えの癖をつけると、話の本質を抽出し、聞き手に誤解なく伝えることができます。ふだんからそんな頭の使い方をしていれば、自然と言い換えができるようになっていきます。

本質がわかっているから「たとえ」られる

ふたつめの「たとえ（比喩）」も、本質をよりわかりやすく説明するためにあるものです。

ビジネスを例に、実際の文章で説明します。

僕はもともと、「プレイングマネージャー」という存在に対して肯定的な考えを持っていません。その理由は、プレイングマネージャーは、チームメンバーからすると「扱いづらい」存在だと考えられるからです。「能力が高ければ両方うまくできる」という人もいますが、僕にとってそれは本質的な認識とは言えません。なぜなら、チームメンバーからすると、プレイングマネージャーは「同じプレーヤーとして見ることができない」という点こそに本質があり、それが真の問題だからです。

ここまで伝えたうえで、本質を説明するための「たとえ」を出していきます。

野球でファーストを守る人が、今日から選手兼監督になったとしましょう。すると他の選手は、ファーストに送球するのが少し怖くなります。なぜなら、自分を評価できる立場の人だと思うと、おいそれとミスができなくなるからです。要するに、その人に両方をやる才能があっても、他の人からは監督としてしか見られない状態になり、みんなが余計な意識をすることになって、生産性が落ちていくのです。

だからこそ、プレイングマネージャーは、チームメンバーからして「扱いづらい」存在になり得るわけです。このように、伝えたい話の本質を理解していると、**チームプレーとして共通項があり、かつ一般的な野球（スポーツ）という「たとえ」**の話に置き換えることができるのです。

ちなみに、たとえの表現を幅広くするために、語彙を増やすこともある程度は必要になるでしょう。ただ、語彙は勝手に増えていくものではありません。身も蓋もない話ですが、語彙力を磨くには、できるだけ多様な種類の言葉に数多く触れることに尽きます。

できる工夫としては、**「いまのセリフいいな」「この言い回しはしたことがないな」と思ったときに、すぐ真似をしてみる**ことです。記録するのもいいのですが、できるだけすぐに家族や友人など気兼ねない相手に使ってみるのがおすすめです。

要するに、**気になった言葉を、自分自身でアクションに変えていく**わけです。そんな日常の工夫で、語彙力は着実に積み上がっていくはずです。

自己紹介は失敗体験や苦労話とセットで話す

説得力は、自分自身について話すときにも必要なものです。いわゆる自己紹介ですが、そもそも自分のことはどうとでも言えてしまうもので、初対面の相手からは判断しようがない面もあります。

それに乗じてか、自分をことさら大きく見せようとする人がときどきいます。ビジネスパーソンにも時折見受けられる、肩書や学歴を並べ立てたり、過去の実績を熱心にアピールしたりするタイプです。それによって「凄いですね」くらいは言われるかもしれませんが、それだけで聞き手を惹きつけたり、心を動かしたりすることはまったくありません。

かといって、自分がどれだけダメかを話し続けるのも考えものです。なので、**過去の栄誉や、客観的に褒められた体験などを話すときには、必ず失敗体験や苦労話をセットで話す**といいと思います。

これが、話の説得力を上げる3つめの要素、「ギャップ」です。

「他人の自慢話なんて聞きたくない」と思うのが人間の心理ですが、失敗体験や苦労話がセットになると、不思議とみんなから興味を持たれやすくなり、俄然、聞き手の反応がよくなります。そして、「なんだ、わたしと同じなんだ」という共感も生まれやすくなるのです。

ということは、いま周囲からさほど評価を受けていない人ほど、過去の自慢話をしがちな可能性があります。特に年配の人に多いのが、「わたしはむかし凄かった」と自分で言ってしまう、とても残念なパターン……。年齢を重ねるたびに自信を失っていくと、知らず知らずのうちに、過去の成功体験にこだわってしまうのです。

そこで、つい過去にすがってしまいそうなときこそ、失敗体験や苦労話とセットで伝えていけば、ギャップや共感が生まれて、逆に自然と人を惹きつけるエピソードに変えていくことができます。**どんな人でも失敗はしているはずですから、そのリソースを存分に活用すれば、端的に言うとコスパがとてもいい**のです。

ギャップを利用して話す方法は、じつはビジネスの成果にも直結しています。

ある製品やサービスを説明するとき、その利点ばかりを並べてもかえって信頼されないことはよくあります。

でも、「こんないい機能がありますが、値段は正直高めです。ただ長い目で見ると、投資効果も高い製品ですよ」というふうに、デメリットとともに伝えることができれば、聞き手の信頼感も得られ、話の説得力も増すでしょう。

「比較」を使って別の視点を立てる

もうひとつ効果的なギャップの使い方は、他の要素と「比較」することです。

「比較」によって話に別の視点を導入し、聞き手の思考の凝り固まりをほぐしたり、発想を変えさせたりすることができます。

みなさんは、「ホロレンズ2」というデバイスをご存じですか？　マイクロソフトが開発した「複合現実」を体験できるゴーグル状の端末で、ハンズフリーで作業を正確に共有したり、リモート環境における共同作業で、より効率的にリアルタイムで問題解決ができたりするのが大きな特長です。

デバイスの種類によりますが、価格は約42万円～57万円（2024年7月現在）。その価格を見て、たいていの人は「高い！」と感じるようですが、ここで「比較」の出番です。例えば、パソコンを用いて遠隔の人をサポートするビジネスのシチュエーションを想定して比較してみてはどうでしょうか。

パソコンの価格は（機種によりますが）、機能性に優れた大画面のデスクトップを想定すると、20万円程度です。それを使って遠隔の人をサポートする場合、2次元の画面だけで、両手を使った作業や状況を見せながらの会話をし、滞りなく共同作業を進めていくのは思いのほか大変ではないでしょうか？

しかも、相手が海外にいる場合、パソコンではうまく共同作業ができないケースも生まれます。もし出張することにでもなれば、出張費1回分で、パソコン代と合わせて軽くホロレンズ代を超えてしまいます。当然、ホロレンズを使えば貴重な時間もかなり節約できます。このように、パソコンという**他の要素と「比較」するだけで、聞き手への伝わり方と納得感がまったく変わる**わけです。

そして、この話の本質は、金額の多寡を「値札だけで判断してはいけない」ということです。つい高く感じるかもしれないけれど、なにと比べて高いのかを意識することが重要なのです。

このように、**聞き手に伝えたい本質が明確なほど、効果的な「比較」のエピソードを見つけやすくなり、製品やサービスのよさをアピールしやすくなる**はずです。

「なぜわたしが話しているのか」を突き詰める

自分自身についての自己紹介でも、製品・サービスのステータスを説明する場面でも、内容を聞き手に正確に認識してもらうことが必要です。だからこそ、単なる自慢話は、百害あって一利なしと言えます。

人前で英会話に関するレクチャーをする場合なら、「アメリカに留学して、そのまま10年ほど暮らして、自然と英語力を身につけて……」といったストーリーは、確かに事実かもしれません。でも、「へえ、そうなの」で終わってしまいかねません。人によっては、自慢話として受け取られても不思議ではないでしょう。

そうではなく、**相手の心に響く話をするには、話し手である自分が「なぜここにいるのか」という理由が重要**なのです。

だからこそ、ギャップを活用して伝えていきましょう。

先の例なら、「わたしは英語がまったく話せない状態でアメリカに渡り、最初は周囲がなにを言っているのかさっぱりわからず、何度も笑われ、怒られたりもしました。でも、10年かけてようやくコミュニケーションがとれるようになったので、そのプロセスはきっとみなさんの参考になるはずです……」と、言い換えることができます。

ちょっと聞いてみようかなという気にな

ギャップを活用して「なぜわたしが話すのか」を伝える

相手の心に響く話をするには、いま話しているその人自身が、なぜそのことについて話すのかを伝えることが大事。そのために「ギャップ」を活用する

りませんか？

失敗し、苦労した体験を共有すれば、みんなはもっと苦労が少なく英語を話せるようになるはずだ。だから、たくさんの失敗を重ねてきたわたしが伝えていく――。

そんな**「なぜわたしが話しているのか」という理由を突き詰めれば、聞き手の心にしっかり届く、納得感を生むストーリーに変わる**のです。

まとめ

- まずは「言葉の使い方」を意識し過ぎず、
伝えたいことに集中する
- 伝えたいことの本質はなにか、
「言い換え」「たとえ」「ギャップ」で表す
- 「なぜわたしが話しているのか」が明確になれば、
さらなる説得力が生まれる

9

会話の〝筋トレ〟

伝わりやすさの底上げは「客観視」から

「ビジネス会話」では話す目的や内容が重要だとお伝えしてきましたが、慣れてきて余裕がある人は、声の大きさやスピード、「間」の取り方、身振り手振りなども意識しましょう。そんな「会話の筋力」を鍛えれば、すべてのシーンで伝わりやすさが底上げされるはずです。

倍速再生のほうが聞き取りやすい？

人前で話すときの声の大きさやスピードをトレーニングするには、**自分の声を録音して繰り返し聞く**ことに尽きます。まずは、音声だけをチェックできる状態をつくってもらえれば十分です。いまはスマートフォンの各種録音アプリで、自分の声の大きさや響き方などを簡単にチェックすることができます。

また、録音した音声の再生速度を早くしたり、遅くしたりできるアプリもたくさんありますから、それらを使って、**話すスピードを変えたときにどのように聞こえるのかを確認する**といいと思います。もし、スピードを早めて再生すると快適に聞こえるのなら、ふだん話すスピードも少し早めたほうがいいということです。

僕は、比較的早口なほうだと認識しているので、プレゼンをはじめ多くの人の前で話すときは、意識的にゆっくり話すことを心がけています。また、ふつうのスピードで話すときでも、聞き手に印象付けたい箇所だけあえて話すスピードを落とすなど、特定のメッセージを自然に強調させるテクニックも使います。

以前、僕が人前でプレゼンをしはじめた頃の映像を観たときには、その早口っぷりに驚きました。まだ経験が浅く、スムーズに話すことに意識が向き過ぎていたせいか、話すスピードへの心配りが足りなかったのだと思います。

アイスブレイクは「ひとりごと」でいい

逆に、意識的にスピードを早めて話す場面もあります。その典型例が、雰囲気づくりのための「アイスブレイク」です。このアイスブレイクのネタを、僕はあたかもひとりごとのように早口で話すことを意識しています。

例えば、プレゼンで「報・連・相」について話すとき、僕はよくほうれん草の写真を全面に敷いたスライドを使います。それをスクリーンに映して、「みなさん、社会人と言えば報・連・相ですよね」などと話しかけるのです。そして、それに続けて、「以前、小松菜の写真を使ってしまったんですけどね……」と、ぼそぼそっと早口で、ひとりごとのようにつぶやきます。すると、ちょっとした笑いが起きて、その場が和むというわけです。

こうしたちょっとしたアイスブレイクを狙い過ぎた結果、大きくすべってしまう人がいます。もちろんネタにもよりますが、僕は案外「言い方」の問題が大きいと見ています。まるで清水の舞台から飛び降りるかのような覚悟でギャグを言って、冒頭からすべってしまい、場の冷たい空気を引きずったまま、言わば〝氷の世界〟でプレゼンをし続けるケースが実に多く見受けられるのです。

でも、**アイスブレイクはぼそっとひとりごとのように早口で言うと、たとえすべったとしても、話し手も聞き手もそれほど気にせずに済みます。**「まあ、そんなのはどうでもいい話ですね。じゃあ次に行きましょう！」という具合に、自然に先へと進むことができるはずです。

「間」の取り方は可視化して確認

声に関して、もうひとつ重要な要素が**「間《ま》」の取り方**です。声の大きさやスピードを意識する人は比較的多いのですが、「間」の取り方については見逃しがちなポイントです。

これについては、「音声波形」を表示できる録音アプリがたくさんあるので、活用することをおすすめします。僕の場合は、音声プラットフォーム「Ｖｏｉｃｙ」を毎日収録しているため、収録専用アプリの「Voicy Recorder」を使っています。これらのアプリで録音した音声を再生すると、自分の声の波形がビジュアルで表示されるので、波形をチェックすれば、ふだん自分がどの程度「間」を取って話しているのかが、ひと目でわかります。


このように、**自分の声を「視覚情報」として確認できるようにしておくと、自分の話し方（間の取り方）の癖が一目瞭然**になります。もし、一つひとつの文がつながっていると感じたなら、ひとつの文を話し終えたあとに、ひと呼吸置くことを意識する。逆に、全体的にスローで間延びしているように感じたならば、文章のあいだの「間」を詰めることを心がけるといいでしょう。

話しているときの「間」は、視覚的にチェックして聞き直さなければ、なかなか正確に把握できません。ただ音声を再生しているだけでは、自分に都合よく補正して聞いてしまう可能性があるからです。ですが、視覚情報なら、「間」が詰まっている箇所や空いている箇所を明確に把握することができるのです。

ちなみに、iPhone標準アプリの「ボイスメモ」をはじめ、アプリによっては録音時だけ波形を表示するものもあります。録音後に波形を確認できるアプリを検索して、好みのもので試してみてください。

聴衆はカボチャではありません

声をチェックしたら次は、**自分が話す姿を録画して確認**していきます。オンライン会議ツール（Zoom、Microsoft Teams、Google Meetなど）を活用して、まずは**「表情」**に注目してください。

人前で話すときの表情は、無理をして笑う必要はありませんが、**できるだけ柔らかい笑顔を心がける**ことが大切です。自分でも気づかないうちに眉間にシワを寄せたり、緊張で力み過ぎたり、表情が乏しくなったりしている場合があるので、柔らかめの表情を意識しましょう。

表情の次は、**「視線」**も重要な要素です。特にプレゼンのように多くの人に向けて話すときは、どこを見て話せばいいのかをみなさん迷いがちですが、僕はなるべく、**その場の一人ひとりと目を合わせるようにしています。**そうすることで、聞き手は「自分に話しかけてくれている」と感じやすくなり、親密さや共感度が高まるからです。

一人ひとりといっても、大人数ならそれぞれの表情をざっと見ていく感じになりますから、かえって視線をバランスよく分散させることができます。

よく、特定の人や箇所（壁など）に視線を固定させると緊張せずに話せると言われますが、そうすると見られている人は緊張してくたびれてしまうし、視線が動かないのも不自然で、その場に親密さも生み出せません。

また、「緊張しないために聴衆をカボチャだと思え」という論もありますが、人がカボチャに見えるなんて、冷静に考えるとちょっとおかしいです。聞き手に焦点が合わなくなり、視線の移動も不自然になってしまうでしょう。

会議や交渉でも同じで、視線が合わなければ、本来伝わる話も伝わりづらくなり、やり取りがぎくしゃくしがちになります。

視線は程よく外したり、ときには合わせたりしながら、その場の緊張状態をゆるめることを意識して話してください。

我が振りを見て我が振り直せ

人前で話すときの「身振り手振り」をよくするには、まず**「自分がどのような身振り手振りをしているか」を客観的に認識する**作業が欠かせません。ふだんの会議などの機会をうまく使い、自分が人前で話している姿を撮影して確認するといいでしょう。

撮影のポイントは、スマートフォンなどを自分の正面に置くのではなく、**周囲の人がふだんあなたを見ている角度から撮る**ことです。

相手はつねにあなたを正面から見ているわけではありませんから、例えば少し斜めの角度にスマートフォンを置いて撮影すれば、相手が目にしている状態に近い、自然な身振り手振りをチェックすることができます。

その意味では、正面から撮影するかたちになるオンライン会議ツールなどのレコーディング機能を使うのは、身振り手振りをチェックするには不十分と言えます。あくまで、周囲の人が見ている自分の姿を確認することに意味があるのです。

ちなみに、僕はテレビなどに出演するようになってから、周囲の人から見えている自分の姿をより強く意識するようになりました。なぜなら、テレビの収録スタジオでは、自分の姿をいくつものカメラで異なる角度から収録するからです。

もちろん以前から、プレゼン会場では**「どの席からどのように見えるか」を必ず複数の場所からチェックして本番に臨んでいました**。しかし、複数台のテレビカメラで撮影・記録されることを経験してから、より正確に身振り手振りを検証できるようになったというわけです。

「首から上」と「体幹」をぶれさせない

人前で話す際の身振り手振りの基本は、**「首から上をあまり動かさない」**ことです。

僕自身、プレゼンなどでは、手をはじめ上半身をダイナミックに動かしますが、それでも首から上は動かさないように意識しています。その理由は、首から上を動かし過ぎると、ばたばたした落ち着きのない印象を与えてしまうからです。加えて、視線もぶれがちになります。

下半身についても、あくせく動き回るのではなく、ステージ上を**ゆっくりと歩いて、落ち着いた印象を与える**ようにしています。また、会議のファシリテーションなどで**座り姿勢のときは、下半身を固定させるために意図的に脚を組む**こともあります。そうすることで、無意識に脚を開いたり、動かしたりするような落ち着きのない仕草を防ぐことができます。

ただし、座っているときでも、上半身は大きく動かして構いません。**体幹（胴体）さえ動かなければ、むしろ手を大きく動かすことで、伝えたいことに聞き手の注意を引きつけることができます**。そうして躍動感を出しながら、同時に落ち着きがある状態をつくることができるのです。

「脚を組むと偉そうに見えるのでは？」と思う人もいるかもしれません。確かにそのリスクはありますが、捉え方によっては、堂々とした余裕のある雰囲気を出せるとも言えます。その部分については、先の「柔らかい表情」などと合わせることで、バランスを取ることができるでしょう。

記録して見返すと無意識の癖が見つかる

自分が話すときの姿勢や癖については、やはりその姿を正確に記録し、自分で何度も振り返ることでしかなかなか認識できません。

先に述べたように、僕もあるとき過去と現在のプレゼン動画を見返す機会があり、いまとはかなり違うことを明確に認識できました。

もっとも違った点は、やはり「首から上の動き」です。大人数を前にプレゼンをしはじめた頃の動画では、首から上がかなり動いていたのです。また、話しているときに、無意識に顔を触る癖にも気づきました。

ただ、ある時期から首から上をなるべく動かさないように意識したことで、頷いたり左右を眺め渡したりするときも、体幹を使って体全体で動けるようになりました。

そのうえで、顔を触る癖も意識的に修正していったのです。

身振り手振りについては、それぞれの個性があるため、誰にでも通じる正解があるわけではありません。ただし、**「やらないほうがいい」身振り手振りがあることも事実**です。例えば、頭を頻繁に動かしたり、落ち着きなく動き回ったり、手元ばかり見ていたり……といったことです。それらを無意識にしているとしたら、自分の姿を撮影し客観的なフィードバックを得なければ、根本的な解決には至らないと思います。

「自分がどのように見えるか」に注意を払う

最後に、僕がプレゼンや講演の本番前に必ず行うルーティンがあります。それは、先にも述べた**「自分がどのように見えるか」をあらかじめ確認しておく**こと。

ステージ上で動くときの自分のアングルや、手を広げたときの幅がどう見えるのか。また、背後のスクリーンと自分との位置関係はどうか。それらの自分が気になる点を、前もってシミュレーションしてチェックしておくわけです。

せっかく身振り手振りの仕方に注意を払っていても、それがスクリーンに映るスライドや映像を邪魔していると、聞き手の集中力を削いでしまいます。別に大会場のスクリーンに限らず、会議室のスクリーンやホワイトボードなどを使うときにも注意してほしいことのひとつです。

オンライン会議や動画配信などでも同じことが言えます。画面枠が決まっていますから、躍動感を出そうとしてアクションをつけて話すと、枠から手が飛び出してしまいますし、頭がしきりに動いていれば、聞き手は身振り手振りのほうがむしろ気になって肝心の中身に集中できません。

ビジネス会話では、表情や視線に加えて身振り手振りについても、あくまで**「聞き手目線」**を忘れずに、事前のシミュレーションを通して練習しておくことをおすすめします。

まとめ

- 発声や表情、ジェスチャーは「自分がどう見えるか」を客観視して鍛える
- 話すスピードは、録音し、速度を変えながら再生して聞こえ方を検証
- 間の取り方は波形を見て視覚的に認識する
- 表情やジェスチャーは録画して「聞き手目線」でチェック

10

オンライン会話のカギ

効率化を阻害する
ボトルネックを
解消せよ

オンラインでの会議や打ち合わせはもはやあたりまえになりましたが、その「環境」次第で生産性が大きく左右されることを実感している人も多いと思います。ビジネスの加速化の妨げとなるボトルネックをなくすべく、気をつけたいポイントをまとめました。

オンライン環境での「己を知る」

オンライン環境では、まず**「自分がどのように映り、自分の声がどう届いているか」**を知っておくことがなにより大切です。

これはつまり、〝己を知る〟ことに他なりません。オンライン環境における話し方を考える前に、その環境において自分は他の参加者からどのように見えているのか、現状把握しておくことが必要なのです。ビデオ会議の録画を観ればあきらかですから、前節も参考に、折を見て確認してみてください。多くの場合、自分が思っていたのとは異なる面が発見できるはずです。

オンライン環境での自分の姿を正しく把握できると、快適な環境を構築するための課題意識を持つことができます。そして、オンライン環境を改善することは、コミュニケーションにおいてかなりコスパがいい方法となります。

それは、**相手に与える印象をよくするだけで会議のネガティブポイントを減らすこ**

とができ、話の説得力が増すことさえあるからです。

オンライン環境は〝音声ファースト〟

オンライン環境の構築には、大きく音声面と映像面に留意する必要がありますが、まずは音声環境から整えましょう。なぜなら、映像が映らなくても会話をすることは最低限できますが、音声が通じなければ会話そのものが成り立たないからです。

音声環境のなかでも**最優先事項はマイク**です。多額の投資をする必要はありませんが、USBマイクや、マイク端子で接続する外付けマイク（僕はこれを使っています）などを使うのがいいと思います。かつてはそれなりの値段がしましたが、いまではオンラインショップで安価に入手できます。

パソコンの内蔵マイクを使うなら、マイクの性能がどの程度かをあらかじめ確認しておきましょう。特に会社での役職が上がるほど、周囲の人から「いつも声が聞こえづらい」「声が割れている」などと指摘してもらえる機会が減るため、自分の声がどう聞こえているかを認識しておきたいところです。

方法としては、ふだん使っている環境のままで別の人に話してもらい、自分は他の場所で音声を聞くようにすると、自分の環境を簡単にチェックすることができます。

例えば、オンライン会議を設定し、別のアカウントでスマートフォンでも接続します。そして、スマートフォンを持って別の場所へ行き、元の場所ではパソコンのマイクから誰かに話してもらい、その音声をスマートフォンで確認するのです。そうすれば、特定の環境でどう聞こえているかを検証することができます。

オンライン環境では、肝心の声が相手に届きにくい状態ほど意味がないことはありません。まずは自分の音声環境を整えて、次に相手の声が聞こえづらいのも困るので、スピーカーを整えてみましょう。

〝魔王〟を登場させない工夫

音声面を整えた次は、映像面です。ウェブカメラを購入するのもいいのですが、比較的新しい機種であれば、パソコンやタブレットの内蔵カメラでも十分です。むしろ、お伝えしたい注意点は**「角度」**です。

ノートパソコンの場合、ただ机上に置いて使うと、斜め下から映されることで上から目線の映像になってしまうのです。僕はこれを〝魔王目線〟と呼んでいます。

手っ取り早い対策としては、パソコン台を使うのがいいでしょう。僕はふだん外付けの専用カメラを使っていますが、ノートパソコンの内蔵カメラでつなぐ場合は、パソコン台に載せてカメラ位置を物理的に自分の目線まで上げるようにしています。それによって視線が正面で合うようになり、自分も見やすくなります。

また、前かがみにならずに姿勢がよくなり、相手に与える印象も変わります。折りたたみ式のパソコン台もあるので、場所を選ばずカメラ位置を調整できます。

映像面としてもうひとつ、できることなら**「照明」**にもこだわってみてください。まぶしくない程度に正面から光をあてるだけで、かなり綺麗な映像になります。

部屋の電灯だけの場合は決して「窓を背負わない」こと。窓を背にすると多くの場合逆光となり、表情がかなり暗くなってしまいます。ときどき真っ黒になっている人もいて、これもまた、姿を露わにしない〝魔王〟のような状態。

もし窓を背にするなら、必ずカーテンを閉めましょう。背景がシンプルになり、結果的に余計なノイズ要素がなくなって一石二鳥です。

バーチャル背景は便利ですが、ときどき突飛な背景にしている人がいます。会話の話題になることもありますが、余計なノイズ要素を加えているとも言えるので、ほどほどのものがいいでしょう。

背景をぼかす場合も、手を上げたり後ろに傾いたりするなどの動作や、なにか見せたいものがあるときに、それまでぼやけてしまって不自然になるという問題がありま す。そこで、実演したり、物理的なものを説明したりする必要があるときは、グリーンバックを併用すると、バーチャル背景の合成を自然にすることができます。

Wi-Fiを使うときに知っておきたいこと

音声、映像両面に関わる問題として、**ネットワークの状態を整えておく**ことも欠かせません。「Fast.com」などのサイトを使えば、その場所のインターネットの速度を簡単にチェックすることができます。

速度が速いと謳われている無線LAN（Wi-Fi）を使っているからといって安心はできません。都市部では速度に波があるうえに、大人数が参加する会議では通信が滞る場合も結構ありますから、自分のネットワーク環境がどのような状態なのかをすぐに把握できることが重要です。

ちなみに、僕は現在、「フレッツ 光クロス」でオフィスのインターネット速度をかなり上げているので、快適な環境を維持できています。

また、Wi-Fiの周波数には、2・4GHz帯と5GHz帯の2種類があるのをご存じですか？ 簡単に区別すると、**2・4GHz帯が「距離優先」で、5GHz帯は「速度優先」**と捉えてください。

距離優先の2・4GHz帯は、遮蔽物に強く、ルーターが部屋の外でも電波が届くというメリットがあります。ただし、注意点は電子レンジの電磁波も2・4GHz帯のため、干渉してしまうこと。自宅の場合、他の場所で電子レンジを使っているとその影響をかなり受ける可能性があるのです。

そのため、Wi-Fiは5GHz帯をおすすめしますが、逆に遮蔽物には弱いため、できるだけルーターがある部屋で接続するようにしましょう。

さらに、自宅で複数人が同時につないでいると問題が起こることもあり得ます。僕は、オンライン会議をするときはシンプルに有線を使う場合もあります。有線は速度が安定していて、ここまで述べてきた問題からほぼ解放されます。

オンライン会議はネットワーク環境がとても重要なので、しっかりと準備しておきましょう。

画面のなかだけを徹底的にプロデュースすればいい

実際にオンライン会議を行うとなった場合、対面と根本的に異なる点は、**「相手に見えている画面がすべて」**だということです。裏を返すと、**画面のなかだけを徹底的にプロデュースすればいい**ということ。例えば対面時のTPOに合わせたファッションに悩んでいた人であれば、上半身さえしっかりすればいいと考えると、課題はかなりシンプルになると思います。

意外と目立つのが姿勢です。対面時に比べて緊張感が薄くなるので、くつろぎ過ぎたり、だらけている印象を与えたりすることもあり得ます。

いまはリモートワークもあたりまえになり、「そういうもの」という共通認識がある程度広まっているので、極端に神経質になる必要はありません。

しかし、肘をついたり、家のなかをキョロキョロと見回したりするなど、あきらかにいい印象を与えない姿勢を取ることは未然に防いだほうが賢明でしょう。

心理学では、**人とのコミュニケーションにおいて、視覚情報が55%の割合で第一印象に影響を与える**とするメラビアンの法則が知られています。姿勢も含めた外見について、「自分をどのように見せたいか」をあらかじめ認識しておきましょう。

視覚で言うと、目線の問題もあります。ふつうに画面を見ているつもりでも、多くの場合、カメラの位置によって目線が微妙に外れた状態になっています。ノートパソコンのカメラは液晶フレーム上部にあることが多く、タブレットも機種によってフロ

オンライン環境では「相手に見えている画面がすべて」

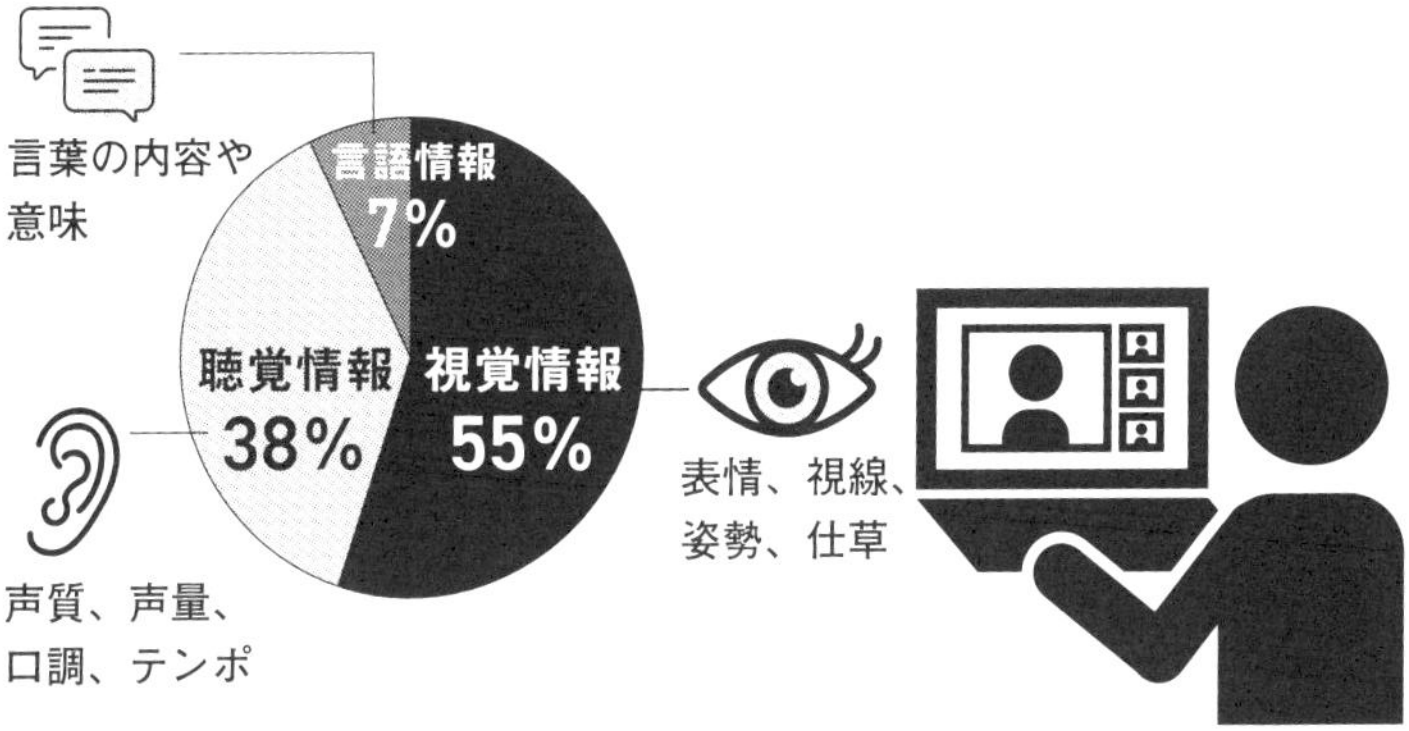

「メラビアンの法則」によれば、人とのコミュニケーションにおいては視覚情報が55%の割合で第一印象に影響を与える。「自分をどのように見せたいか」をあらかじめ考えておこう

ントカメラが左右どちらかに位置しています。すると、画面をまっすぐ見ていても、目線がずれた自分の姿が映し出されるわけです。

そこで僕は、モニターに映される表情にずれがあることを理解したうえで、ときどきカメラのほうにあえて視線を向けるようにします。

すると相手は、「わたしのほうを見てくれている」という印象を持ちやすくなり、〝話しかけている感〟を出すことができます。

ただし、長めにカメラを見続けると、相手は〝見られている感〟を持ってしまうので、ときどき目を合わせる瞬間をつくる程度で十分です。

会話とテキストを使い分ける

会話面についても、オンラインならではのストレスを感じることがあるでしょう。よく起こるのは、発話が被ってしまうというケースです。通信速度にほんの少しのずれがあったり、相手のちょっとした仕草が見えづらかったりするために、会話がスムーズに進まないことがあります。

また、その状態を直そうとしてさらに会話が被ったり、逆にお互いに黙りこくったりするなど、なかなか難しいものです。

ですが、考えてみれば、対面でも発話が被ることはあります。つまり、これはお互いの気づかいの問題であり、**会話が被ったときは「どうぞどうぞ」と、相手にバトンを渡してしまえばいい**のです。

これなら無理に話さなくても、手の仕草だけで、たいていの場合コミュニケーションがスムーズに運ぶはずです。

また、会話中でもテキストでコミュニケーションできる、チャットなどを活用することも忘れないでほしいと思います。

対面の場合は、誰かの発言を受けたちょっとしたひとことで場が和むこともありますが、オンライン環境ではそんなアイスブレイクが誰かの発言を遮ったり、妙に際立ったりして白けてしまうことがあります。

そこで僕は、**ある発言を受けて行う混ぜっ返しやアイスブレイクは、チャットで行うようにしています。**会話の流れを途切れさせないように、音と文字を使い分けるというテクニックです。

さらに、会話中に出た人物名や記事のリンク、企業情報や関連ニュースといった付随情報も、その場で調べた人がさっとチャットで共有すれば、話全体がスムーズに進んでいくでしょう。

その都度割り込んで発言するのではなく、チャットを適宜使いこなすことが、オンライン会議という場をうまくコントロールする方法になります。

うまくいかないときはボトルネックを探す

その意味では、オンライン会議をする際は、チャットツールはすぐ入力できる状態に準備しておきましょう。

上の世代の人によく見られるのが、ＩＴツールが苦手でチャットもやらないというケースです。ですが、**ＩＴツールを使いこなせないことで、その人は相対的にビジネスバリューが下がっています**。厳しい言い方をするなら、その人はチームのボトルネックになっていると見ることもできます。

これは、経営コンサルタントのエリヤフ・ゴールドラット氏が、『ザ・ゴール――企業の究極の目的とは何か』（ダイヤモンド社）で指摘した「全体最適のマネジメント理論」（制約理論）にも通じることです。簡単に言うと、**ビジネスの全体はつねにボトルネックに左右される**という考え方です。

つまり、ＩＴリテラシーの低い人がオンライン会議に参加するだけで、その人がボトルネックとなり、会議全体が停滞してしまう場合が十分あり得るということを意味します。

そのため、もしオンライン会議がスムーズに進まないと感じるときは、ＩＴリテラシーが低い人に対して、それぞれ適切な対応をすることが求められるでしょう。

ビジネスプロセスのなかでボトルネックになっている部分を見つけ、必要に応じて最適化することが、全体の最適化につながるのです。

仕事の優先事項によってオンラインか対面かを選ぶ

オンライン環境構築のポイントをお伝えしてきましたが、最後に、僕は**オンライン環境と対面環境のどちらがいいかは比べるものではない**と考えています。

そのときの仕事の優先事項によって選べばいいだけであって、**「対面のほうがコミュニケーション面で優れているから対面で」という話ではない**ということです。

仮に、参加者が情報交換をするだけでいいのなら、移動時間ゼロですぐ情報交換ができるオンライン会議一択になるはずです。オンライン会議が優れているからではなく、あくまで会議の目的や優先事項によって決まるということです。

よく、「とりあえず会いましょう」「オリエンは実際に顔を合わせてやったほうがいいでしょう」と対面を希望する人もいます。そんなとき、僕は必ず「なんのためにですか?」と聞くようにしています。

情報交換のためなら、むしろオンラインのほうが多くの情報を素早く提供できるからです。相手を移動させたいのなら、それだけのメリットを用意しなければなりません。

つまり、**仕事では「どんな体験が得られるか」にフォーカスする必要がある**ということです。会議でもどんな体験を重視するのかをもとに手段を決めるという順番です。

ビジネスで圧倒的に重要なリソースは、「時間」です。その時間の観点で急いだほうがいいのであれば、オンライン環境を選ぶことがベストな選択だと思います。

そこで、「次の会議はオンラインでやるか対面にするか」といった会話になったときは、その会議でもっとも重要な優先事項にすぐに意識を持っていけるかどうかが大切になります。

もちろん、実際に対面することにも意味はありますが、その際は、対等であるはずの参加者すべての合意が必要だと僕は考えています。

まとめ

- リモートで自分がどのように見えているか、録画を見て確認
- 環境はまず音声面、次いで映像面を整備
- 運用時はコミュニケーションのボトルネックを見つけて改善していく
- リモートか対面かは〝ありき〟ではなく優先する事柄によって決める

終章

ビジネス会話でチャンスをつかむ人、逃す人

チャンスをつかむ人は相手のことをよく知っている

ここまで、「ビジネス会話」というものを大テーマに、「コミュニケーション」の捉え方や、シーン別の会話の思考法をお伝えしてきました。

賢明な読者のみなさんはお気づきのことと思いますが、本書で述べてきたのは、「この場面ではこう言えばいい」といった単なる方法論ではありません。

そうではなく、会議って、プレゼンって、1on1って、そもそもなんのためのものだっけ？　と考え、再定義し、そこから導き出した僕なりの最適解をお伝えしてきたつもりです。

なぜわざわざそのような手順を踏んだのかというと、どんな場面においても、他者とのビジネス会話の一つひとつが、重要なコミュニケーションの機会だからです。

時間や、ときには空間をも共有して、人と人とが会話する。その貴さ、素晴らしさについても、ＰＡＲＴ１で紙幅を割いてきました。

そして、そんな**コミュニケーションの機会を決して無駄にしない人こそが、ビジネスにおける〝チャンス〟をしっかりつかむ人**なのです。

ビジネスでチャンスをつかむ人は、人と会話をするなかで相手を「観察」し、情報量をたくさん得ることができます。事前情報がなかったとしても、相手と会ったその場でしっかり情報を収集できる力を持っているのです。

その情報は、例えば相手の持ち物かもしれないし、興味関心事かもしれないし、何気なく発したひとことかもしれません。それらの情報をもとに、**「どうすれば相手と共通の目的や行動が見つけられるだろう？」**と考えます。そして、いくつかのオプション（選択肢）のなかから、目の前の人に最適な提案をすることができるのです。

たとえ提示したオプションが相手の心に響かなくても、そもそも情報量が多いので、すぐに別のオプションを試すことができます。**相手に対する会話のアクションが多いからこそ、チャンスをつかむ可能性も必然的に高くなる**というわけです。

相手についての情報を多く手にするには、**「相手のことを知ろう」**とする意思を持

てるかどうかが、大きなポイントになることは言うまでもないでしょう。これは会話の技術云々ではなく、まず相手の「観察」に集中する意識を持つということです。情報量が多いほど、どんな会話の場であれ、相手の心をつかむ可能性が高まります。

自分への「期待値」を高める準備をする

チャンスをつかむ人は、相手の情報をインプットするだけでなく、**自分が伝えたいことをうまくまとめて相手にアウトプットする**ことにも長《た》けています。「ここぞ」と言うときを逃さず、自分を効果的にアピールすることができるのです。

これについては会話の技術によると思われがちですが、僕は単に**「準備」**の問題だと捉えています。この準備を、居酒屋の「お通し」にたとえてみましょう。

お通しは、基本的に内容がある程度決まっているものです。それでもお通しが侮れないのは、その味や質によって、その店の「期待値」が決まってしまうからです。お通しが美味しくなかったら、そのあとの料理もあまり期待できません。でも、お通しが美味しければ、そのあとの料理をいろいろ頼んでみたくなるものです。

つまり、**お通し（準備）のレベルを上げることで、自分に対する相手の「期待値」をコントロールできる**ということです。

ポイントは、お通しは「作り置きができる」ということ。味や質を、事前にしっかりと磨いておくことができるのです。お客さんが来てから即興で考えるものではなく、あらかじめ誰にでも出せる汎用性があるものを用意しておく。これがお通しの位置付けです。

お通しを、先の「情報のアウトプット」に置き換えてみましょう。すると、「この人と一緒にいたい」「一緒に仕事をしたい」と相手に納得してもらうために、事前に話す材料を吟味しておくということになります。

うまく話そうとして会話の技術を磨くよりも、**自分に対する「期待値」を高めるための話題やネタを日頃から準備し、いつ誰に対しても話せるようにしておく**ことが重要なのです。

他者とwin-winの補完関係をつくっていく

チャンスをつかむ人は、自分と「補完関係」になれる人を見つけることも得意です。「わたしにはできなくて、あなたにはできること」を見つけるのがうまく、その補完関係によって自分自身を助け、また相手を助けることもできます。

これは単に、「相手のいいところを見つける」という意味ではありません。自分と相手とのあいだで補完関係になり得る要素を見つけ、**相手にwin-winの関係を具体的に提案できるかどうか**。これが実際のアクションにつながる、ワンランク上の「ビジネス会話」と言えるでしょう。

お互いに「助かったよ」とお礼を言い合ったり、「凄いですね！」と称賛できたりする要素があれば、長きにわたって補完関係を続けていくことができます。それを、複数の相手ごとに見つけることができれば、チャンスをつかむことそれ自体に、継続性が生まれます。

いつも仕事に追われている人は、雑務や人間関係の調整といった、いわゆる〝仕事のための仕事〟に忙殺されている場合がよくあります。これはまさに、周囲の人とのあいだに補完関係を見出す会話ができず、自分の仕事を手放す勇気が持てないことが原因と見ることができます。

僕の場合は、**自分ができないことや苦手なことをつねに認識し、その処理については周囲の人の助けを積極的に借りる**ようにしています。同時に、自分ができることや得意なことはつねに与えるようにして、ビジネスにおいて健全な補完関係を築くように心がけています。

未来を変える「意思」を持とう

最後にお伝えしたいことがあります。それは、ビジネス会話において**「自分はどうしたいのか」という明確な意思を持つ**ことの重要性です。

その意思とは、僕自身は**「未来志向」**でいることだと考えています。**「これから先**

にどうしたいのか」「自分はどうありたいのか」をいつも意識して行動し、ビジネスを通じて人と会話していくということです。

当然ながら、未来のことは誰にもわかりません。現在の主要な職業のトップ10は、10年前には存在すらしていなかったというのは、よく言われる話です。

でも、だからこそ、自分たちで未来を決めていく必要があるのです。

「未来を面白くする」ために多様な人たちとフラットに会話をしていくこと――。

それこそが、「ビジネス会話」の本質ではないでしょうか。

そこで、みなさんのふだんの「ビジネス会話」においても、「自分は過去の話ばかりしていないか?」「コントロールできない現状の話ばかりしていないか?」と省みる意識をぜひ持ってほしいのです。

話しても仕方がないことばかりに自分の思考を使っていると、人生の貴重な時間を無駄にすることになります。

未来はいつだって流動的です。誰かが定義した未来が正しいという保証など、まったくありません。むしろ混沌とした状態のなかでも、未来に向けて「自分を信じて面白いことをやっていく」と考えたほうがいいでしょう。

そう思って行動していると、不思議なことに、面白いアイデアを思いつきやすい体質に変わっていきます。「思考は言葉がつくる」とも言われますが、**日頃どのような話をしているかで、その人の人生や人間関係の豊かさが変わっていく**のです。

みなさんには、ぜひ未来について話し、未来に向けてアクションできる面白い人であってほしいと願っています。

未来を面白くするのは、才能や資本ではなく、個人の「意思」なのですから。

おわりに

話し方で飾らず、相手に伝える中身を意識する

本書をお読みくださりありがとうございました。

これまで「話すのが苦手」「あの人みたいにうまく話せるようになりたい！」と思っていた人も、その「うまく話そう」とする〝呪い〟から自分を解放させることで、本来の自分の持ち味を活かした会話ができることが、おわかりになったと思います。

大切なのは、話し方で着飾ることではなく、あくまで相手に伝える中身です。そして、自分の話によって相手にポジティブな変化をもたらすこと。相手を実際のアクションへ導き、その変化を喜び、自分もまた新たに未来へ向けて進んでいくこと――。

僕は、本来の「ビジネス会話」は、そんな素敵な営みだと思っています。

これまで僕は、さまざまな機会に、「すべてのビジネスは社会貢献だ」とお伝えしてきました。ここでの社会貢献とは、「誰かがいまよりもよくなる」ことを意味します。それぞれの状況は異なりますが、その人にとってプラスの変化を引き起こし、ハッピーな未来がもたらされる。それが、ビジネスの根幹だと考えています。

そして、その社会貢献を最大化するアクションを手助けするために、「ビジネス会話」があります。つまり、「ビジネス会話」とは、つねに相手に対して、なんらかの貢献を意識して話をする能動的なアクションなのです。

僕も、話を聞いた相手が喜んでくれて、その後に実際にアクションに移してくれたときは、大きな満足感を得られます。「やってみます！」と言ってくれて、後日、「実際にやってみました」という連絡が来たら最高です。数年後に、「目標を達成しました」「夢に近づけました」という連絡が来たら、もう、超最高です。

そんな相手がハッピーになるための後押しをする言葉を伝えられるかどうか。

「ビジネス会話」の価値はそれに尽きると思っています。

最後に、本書を書き上げるために一丸となって動いてくださったプロデューサーの岩川さん、ライターの辻本さん、プレジデント社の柳澤さんに心からの感謝を送らせてください。ありがとうございました。

そして、いつも応援してくれる奈緒さん（かみさん）にもお礼を言いたいと思います。ありがとう。

本書をきっかけに、みなさんの「ビジネス会話」の概念がアップデートされ、みなさんの理想とする未来へ向けて、自由に、軽やかに、「話し方」の常識にとらわれず、自分本来の魅力を信じて、進んでいかれることを願っています。

2024年10月

澤円

澤 円 Madoka Sawa

株式会社圓窓代表取締役。元日本マイクロソフト業務執行役員。立教大学経済学部卒業後、生命保険会社のIT子会社を経て1997年にマイクロソフト（現日本マイクロソフト）入社。2006年には全世界のマイクロソフト社員のなかで卓越した社員にのみビル・ゲイツ氏が授与する「Chairman's Award」を受賞した。マイクロソフトテクノロジーセンターセンター長、業務執行役員などを歴任し、2020年に退社。現在は、自身の法人の代表を務めながら、武蔵野大学専任教員、スタートアップ企業の顧問やNPOのメンター、Voicyパーソナリティ、セミナー・講演活動を行うなど幅広く活躍中。著書に『マイクロソフト伝説マネジャーの世界No.1プレゼン術』（ダイヤモンド社）、『個人力 やりたいことにわがままになるニューノーマルの働き方』（プレジデント社）、『「疑う」からはじめる。これからの時代を生き抜く思考・行動の源泉』（アスコム）、『「やめる」という選択』（日経BP）、『メタ思考「頭のいい人」の思考法を身につける』（大和書房）などがある。

本書は有料会員制webメディア「プレジデントオンラインアカデミー」の
連載企画『人も結果も引き寄せる澤円流ビジネス会話の技術』に
書き下ろしを加え、新たに再構成したものです。
https://academy.president.jp/list/series/c00199

うまく話さなくていい
ビジネス会話のトリセツ

2024年11月18日　第1刷発行
2024年12月25日　第2刷発行

著者　澤 円

発行者　鈴木勝彦
発行所　株式会社プレジデント社
〒102-8641
東京都千代田区平河町2-16-1
平河町森タワー13F
https://www.president.co.jp/
https://presidentstore.jp/
電話　03-3237-3732（編集）
03-3237-3731（販売）

ブックデザイン　阿部早紀子
本文組版・図版　株式会社キャップス
校閲　株式会社文字工房燦光
構成　岩川 悟（合同会社スリップストリーム）
編集協力　辻本圭介　横山美和

販売　高橋 徹　川井田美景
森田 巌　末吉秀樹　庄司俊昭　大井重儀
編集　柳澤勇人
制作　関 結香

印刷・製本　中央精版印刷株式会社

ISBN 978-4-8334-4068-4
Printed in Japan

ビジネスで成果を上げるのは、
自分らしく
話せる人だ。